校企合作铁道运输专业精品教材

“互联网+教育”新形态教材

高铁餐吧服务实务

主编　潘和永　李　倩　张国华

内容提要

本书共四个项目，分别为高铁餐饮服务相关法规及管理、高铁餐吧服务基本知识、高铁餐吧服务工作和高铁餐吧突发事件的应急处置。

本书可作为职业院校高速铁路客运乘务专业教材，也可作为高铁站相关职工的培训教材及相关从业人员的自学参考资料。

图书在版编目（CIP）数据

高铁餐吧服务实务 / 潘和永，李倩，张国华主编. -- 上海 : 上海交通大学出版社，2020
ISBN 978-7-313-23670-8

Ⅰ. ①高… Ⅱ. ①潘… ②李… ③张… Ⅲ. ①高速铁路－饮食业－商业服务 Ⅳ. ①U238②F719.3

中国版本图书馆CIP数据核字(2020)第153797号

高铁餐吧服务实务
GAOTIE CANBA FUWU SHIWU

主　　编：潘和永　李　倩　张国华
出版发行：上海交通大学出版社　　地　　址：上海市番禺路951号
邮政编码：200030　　电　　话：021-64071208
印　　制：三河市祥达印刷包装有限公司　　经　　销：全国新华书店
开　　本：787mm×1092mm　1/16　　印　　张：10　　字　　数：231千字
版　　次：2020年9月第1版　　印　　次：2020年9月第1次印刷
书　　号：ISBN 978-7-313-23670-8
定　　价：35.00元

2016年，国务院修编的《中长期铁路网规划》中指出，到2030年，我国将在“四纵四横”高速铁路的基础上，构建出连接主要城市群，基本连接省会城市和其他 50 万人口以上大中城市，形成以特大城市为中心覆盖全国、以省会城市为支点覆盖周边的“八纵八横”高速铁路网，能实现旅客换乘“零距离”、运输服务“一体化”，为旅客提供安全可靠、优质高效、舒适便捷的高速铁路旅客运输服务。

餐饮服务是高速铁路旅客运输服务的重要内容，铁路运输企业致力于为旅客营造舒适的就餐环境，提供优质的餐饮服务。为实现这一目标，铁路运输企业需要从各大铁路院校引进大量具有较高职业素养和先进服务理念的专业化人才。

为培养适应新时代和企业要求的高素质餐饮服务人才，各大铁路院校开设了与高铁餐饮服务相关的专业课程。为此，我们精心编写了本书。

本书具有以下几个特点。

1．校企合作，工学结合

为了使本书更符合职业院校的育人模式，我们多次深入全国各地职业院校、实训基地展开调研，积极组织开展相关研讨会，广泛征询一线教师的意见与建议；同时，为了使本书更贴近实际岗位需求，我们还与各铁路运输企业专家展开合作，得到了大量指导意见与技术支持。在此基础上，本书本着科学性与规范性的原则，依据行业标准，以高铁餐吧作业流程为重点进行编写，将理论知识与高铁餐吧实际工作流程进行有机融合，真正使学生实现“学中做、做中学”。

2．任务引入，轻松学习

本书旨在让学生系统、全面地掌握高铁餐饮服务的内容、标准、规范和操作技能，学会处理和解决高铁餐饮服务中的问题，具备分析问题、解决问题的能力。因此，本书采用了“项目、任务”式的编写形式。

每个项目包含若干个任务和一个项目综合演练，其中，每个任务首先通过“动姐的一天”“高铁餐吧设‘茶馆’”“用心服务、用爱经营”“三个数字的背后”等高铁工作人员的亲身经历，让学生感同身受，并引发对任务内容的思考；然后让学生带着问题去学习相关知识；最后在任务结尾处设计形式多样的任务实施，如“调研分享”“知识竞赛”“模拟演练”等，让学生巩固所学知识。每个项目最后

都设计了一个项目综合演练，并提供了演练脚本，让学生通过角色扮演，身临其境地体验岗位工作内容，从而培养实际工作能力。

3．巧设模块，教学相宜

本书在讲解相关知识过程中，有针对性地设计了大量模块，如“舌尖上的安全”“视野拓展”“温馨小贴士”等，以拓宽学生知识面并美化版面；另外还适当地设计了一些课堂互动模块，如“头脑风暴”“即学即练”等，以活跃课堂气氛，避免枯燥学习。

4．图文并茂，相得益彰

本书配有流程图，图形化显示操作流程，并用不同颜色标记重点，便于学生理解、记忆；另外，精心拍摄的实景插图与文字阐释相呼应，可以带给学生轻松、愉快的阅读体验。

5．随堂微课，即扫即得

书中配有随堂微课，学生扫描书中的二维码，即可观看精彩视频，同步学习相关知识。

本书由潘和永、李倩、张国华担任主编，韩宁、朱卫芳、刘伯康担任副主编。在编写过程中，我们参考了大量有关高速铁路客运乘务、高铁餐饮服务等方面的文献，并从 Internet 上获取了部分最新资料和精美图片，在此谨向这些材料的作者表示衷心的感谢！

由于编者精力和水平有限，本书难免有疏漏或不足之处，恳请读者批评指正。

本书配有丰富的教学资源包，读者可以登录网站（http://www.bjjqe.com）下载。

本书编委会

主　编　潘和永　李　倩　张国华

副主编　韩　宁　朱卫芳　刘伯康

目 录

Contents

项目1　高铁餐饮服务相关法规及管理

由于铁路运营的特殊性和复杂性，铁路运营过程中的餐饮服务和食品流通活动相对于固定门店的食品经营活动，存在一定的食品安全风险性。因此，原国家食品药品监督管理总局会同原中国铁路总公司制定了铁路运营相关的食品安全法律法规、食品安全标准和食品安全管理要求，强化铁路列车食品安全监管，规范铁路餐饮服务和食品流通，以提高旅客乘车途中食品安全系数。

知识目标

（1）熟悉高铁餐饮服务相关法规。

（2）熟悉《餐饮服务许可证》的有关规定。

（3）掌握餐吧食品安全管理的有关要求。

能力目标

（1）能够判断餐吧食品是否符合高铁餐吧食品安全管理要求。

（2）能够在个人着装及行为习惯等方面满足餐服人员个人卫生的基本要求。

任务 1.1 熟悉高铁餐饮服务相关法规

任务引入——一份发霉盒饭引发的深思

2018 年 9 月 8 日晚，在北京开往武汉的 G505 次列车上，武汉市民祝先生和夏先生二人购买了两份盒饭。祝先生打开盒饭后发现里面的饭菜已发霉变质，立即向工作人员投诉。随后，列车长赶到现场进行处理，向祝先生赔礼道歉；餐服人员退还 80 元餐费，并重新送上一份套餐，但被祝先生拒绝了。然而，与祝先生同行的夏先生因为没留意，已将盒饭吃了一大半，不久便出现了上吐下泻的状况。

对此，原铁路总公司表示，高度重视铁路食品安全问题，已迅速采取食品控制措施，全部封存下架涉事产品。

据原铁路总公司有关负责人透露，由于常温链餐食储运时间长，因此容易发生包装容器破损造成食物霉变等影响食品安全的问题。自 2018 年 9 月 29 日起，全国铁路停止供应常温链餐食。下一步，将完善相关机制，强化全链条管控，确保铁路食品安全；同时，丰富冷链餐食供应，不断提升餐饮质量。

想一想：

（1）针对这一“北京开往武汉高铁供应盒饭发霉”事件，你认为餐服人员应该在哪些环节提高重视，以避免此类事件的再次发生？

（2）你还听说过哪些发生在高铁上的食品安全事件？如果你是当时的餐服人员，应该如何妥善处理？

（资料来源：新浪财经网 http://finance.sina.com.cn/chanjing/gsnews/2018-09-10/doc-ihiycyfw4431135.shtml，有改动）

知识储备

冷链与常温链盒饭的区别

与餐饮服务相关的法律、规范、标准有很多，如《中华人民共和国食品安全法》（以下简称《食品安全法》）、《餐饮服务食品安全监督管理办法》《食品标识管理规定》等。下面主要介绍《铁路运营食品安全管理办法》和《铁路旅客运输服务质

量规范》这两个与铁路餐饮服务有关的法律法规。

1.1.1　《铁路运营食品安全管理办法》

2016 年 11 月 23 日，原国家食品药品监督管理总局会同原中国铁路总公司修订了《铁路运营食品安全管理办法》（以下简称《办法》）。《办法》共 5 章 25 条，主要从食品经营要求、贮存与运输要求和监督管理等方面作出了规定。

温馨小贴士

2018年3月，根据第十三届全国人民代表大会第一次会议批准的国务院机构改革方案，将国家食品药品监督管理总局的职责整合，组建中华人民共和国国家市场监督管理总局，不再保留国家食品药品监督管理总局。

2019 年 6 月 18 日，经国务院批准同意，中国铁路总公司改制成立中国国家铁路集团有限公司。

《办法》修订于 2016 年 11 月 23 日，故下文中介绍《办法》中的条例时仍使用“国家食品药品监督管理总局”和“中国铁路总公司”。

1.　总则

（1）为加强铁路运营食品安全监督管理，保障公众身体健康和生命安全，依据《食品安全法》等法律法规规定，制定本办法。

（2）本办法适用于铁路站车和铁路运营站段范围内的食品销售、食品贮存、食品运输、餐饮服务等食品安全的监督管理。

（3）国家实行铁路运营食品安全统一监督管理制度。

① 国家食品药品监督管理总局负责指导铁路运营食品安全监督管理工作。

② 中国铁路总公司负责组织铁路运营食品安全监督管理工作。

③ 铁路食品安全监督管理机构具体承担铁路运营食品安全监督管理工作，并接受所在地省级人民政府食品药品监督管理部门的业务指导。

（4）任何组织或者个人均可向铁路食品安全监督管理机构举报铁路运营食品安全违法行为，了解食品安全信息，对铁路运营食品安全监督管理工作提出意见和建议。

（5）对在铁路运营食品安全工作中做出突出贡献的单位和个人，按照国家有关规定予以表彰、奖励。

2.　食品经营要求

《办法》明确了铁路运营食品经营要求，具体内容如下。

（1）铁路运营中的食品生产经营者应当遵守国家食品安全法律、法规、食品安全标准和铁路运营食品安全管理要求，建立健全食品安全管理制度，开展食品安全自查，改善

食品生产经营环境，落实进货查验记录和索证索票制度，建立食品安全追溯体系，加强从业人员培训和健康管理，建立食品召回制度，不得从事法律法规禁止的食品生产经营活动。

铁路站车及规模以上食品生产经营企业应当建立食品安全信息化管理系统，推行食品安全质量体系认证，开展诚信体系建设，提高食品安全管理水平。

（2）铁路站车食品销售应当实行统一采购、统一进货制度，加强食品销售台账管理，保持场所环境整洁，禁止销售变质或超过保质期的食品。

（3）铁路餐车应当实行集中统一进货制度，净菜、冷热链食品配送上车，食品分类冷藏、即时加工；物品定位存放，餐饮具洗消合格，环境卫生整洁，避免交叉污染；食品加工设备齐全、功能完好，保证食品安全。

（4）铁路运营站段职工食堂应当建立开办者第一责任人制度，做到设施设备齐全、功能完好，食品分类冷藏、即时加工和餐饮具洗消合格。落实食品贮存、食品加工、通风防尘、防鼠防虫、垃圾处理等风险控制要求，实施食品留样制度，保证食品安全。

（5）铁路运营集中加工快餐盒饭的食品经营企业应当达到厂房洁净、封闭加工、流程合理等控制要求，落实原料检验、半成品检验、成品出厂检验等检验控制要求，实施食品留样制度，做到全程可追溯。盒饭应当标注生产日期，配送应当达到贮运温度、时间等控制要求。

（6）铁路站车生活饮用水应当符合国家生活饮用水卫生标准。

视野拓展

为贯彻落实最高人民检察院部署开展的“保障千家万户舌尖上的安全”检察公益诉讼专项监督活动，回应人民群众对美好生活的新需求，顺应人民群众对食品安全的新期待，2019 年 1 月 30 日，乌鲁木齐铁路运输检察院来到乌鲁木齐火车站，对乌鲁木齐铁路局卫生监督部门开展的列车和站内的食品安全执法检查工作进行了现场同步检察监督。

在专项活动中，乌鲁木齐铁路局卫生监督部门重点对火车站内餐饮商户的原料贮存环境、食品加工流程、餐饮具贮存消毒、从业人员健康证明等情况进行了检查。对发现的食品包装、标签不符合技术要求，废弃油脂容器未注明标识，损坏待维修厨具未及时规整收纳，餐饮具未清洗干净便入消毒柜，真空包装食品出现胀袋等问题提出了具体整改措施并要求当场落实到位。

乌鲁木齐铁路运输检察院民行检察官全程跟踪乌鲁木齐铁路局卫生监督部门的执法检查过程。同时，乌鲁木齐铁路运输检察院主动向站内和列车上的食品经营者、餐饮工作人员以及用餐旅客宣传与食品安全相关的法律法规。

检查结束后，乌鲁木齐铁路运输检察院与乌鲁木齐铁路局卫生监督部门、乌鲁木齐火车站相关负责人充分沟通并交换意见，还围绕全程监控食品生产销售各

环节、建立信息通报制度、定期召开联席会议、形成长效协作机制等问题进行了深入探讨并达成共识。

（资料来源：最高人民检察院官网 http://m.xinhuanet.com/gd/2018-03/09/c_1122510069.htm，有改动）

3. 贮存与运输要求

《办法》规定了铁路运营食品贮存与运输要求，具体内容如下。

（1）承运食品的车站应当建立健全食品安全管理制度，符合铁路货物运输规定，保持货场环境卫生整洁，实施食品定点货位存放，做好货品查验登记，保证食品可追溯。

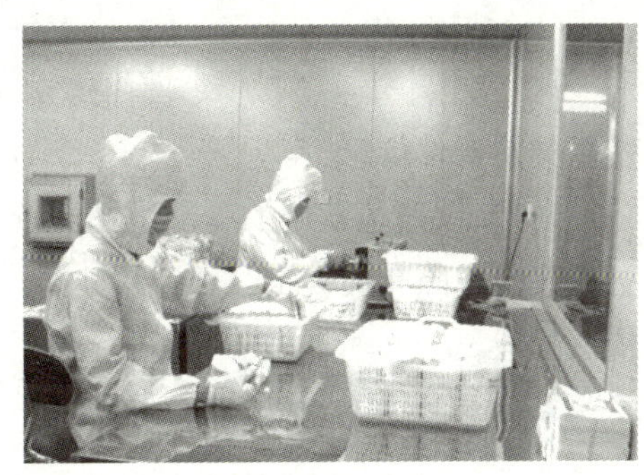

（2）承运食品的车站应当落实食品贮存通风、防潮、鼠虫害等风险控制要求，保证食品贮存货位达到贮存温度、湿度等食品安全标准，禁止食品与有毒有害物品混放、混装。

（3）承运食品的车辆应当符合铁路货物运输管理规定，贮存、运输和装卸食品的容器、工具和设备应当安全、无害，保持清洁，标有清洗合格标识，禁止食品与有毒有害物品混运，防止食品交叉污染。

（4）承运鲜肉类、水产品等易腐败变质食品，应当具有冷藏冷冻设施，并符合温度、湿度等食品安全控制要求。

4. 监督管理

《办法》明确了铁路运营食品安全监督管理职责，具体内容如下。

（1）铁路食品安全监督管理机构应当依照《食品安全法》等法律法规规定，对辖区内铁路运营中的食品生产经营活动实施许可和日常监督管理。

（2）铁路食品安全监督管理人员凭执法证件在辖区内开展食品生产经营监督检查工作。

（3）铁路食品安全监督管理机构应当按照规定对食品进行抽样检验，公布检验结果，并及时向食品药品监督管理部门通报。

（4）铁路食品安全监督管理机构在食品安全监督管理工作中可以采用国家规定的快速检测方法对食品进行抽查检测。

对抽查检测结果表明可能不符合食品安全标准的食品，依照《食品安全法》第八十七条的规定进行检验。抽查检测结果确定有关食品不符合食品安全标准的，可以作为行政处罚的依据。

（5）发生铁路食品运输污染、食物中毒等食品安全突发事件的单位，应当立即报告所属铁路食品安全监督管理机构。

铁路食品安全监督管理机构应当按照《食品安全法》相关规定，制定食品安全突发事件应急预案。发生突发事件后，应当立即采取封存导致或者可能导致食品安全突发事件的食品及其原料、工具及用具、设施设备等控制措施，会同有关部门、铁路疾病预防控制机构进行调查处理，做好食品安全突发事件应急处置工作，并按预案要求报告。

打造放心餐饮

（6）铁路食品安全监督管理机构应当与食品药品监督管理等部门建立应急处置工作协调机制，必要时向相关部门通报食品安全突发事件信息。

（7）铁路运营中的食品生产经营者违反食品安全法律法规的，由铁路食品安全监督管理机构依照有关规定给予行政处罚。涉嫌食品安全犯罪的，按照有关规定移送公安机关依法处理。

5. 附则

《办法》明确了铁路运营食品安全管理范围，具体内容如下。

（1）本办法中的铁路站车是指铁路车站和铁路客货运列车。铁路车站范围指铁路车站主体站房前风雨棚以内、候车室、站台等站内区域。

本办法中的铁路运营站段包括直属车站、车务段、客运段、机务段、供电段、车辆段、动车段、工务段、电务段，以及行车公寓（招待所）、配餐基地等铁路基层单位。铁路运营站段范围指铁路运营站段所属单位围护设施结构以内的地域。

（2）铁路运营中的食品生产经营监督管理要求，本办法未规定的，参照国家食品药品监督管理总局相关要求执行。

（3）本办法自发布之日起施行。

《办法》诞生记

铁路系统的食品安全工作可以追溯到新中国成立前，1949 年 3 月，东北地区最早成立了铁路卫生防疫站，并根据铁路特点设立了站车卫生科。

1980 年颁布了第一部铁路卫生法规《铁路车站、旅客列车卫生条例》。

1986 年、1992 年相继发布并实施了《铁路食品卫生监督实施办法》和《铁路车站、旅客列车卫生监督管理办法》。

1995 年《食品安全法》正式颁布实施后，《铁路食品卫生监督实施办法》废止。原铁道部依据《食品安全法》第一百零二条规定制订了《铁路运营食品安全

管理办法》讨论稿，组织专家反复讨论，广泛征求全路卫生监督机构意见，并提交有关部门审议，历时 18 个多月，经过多次重大调整和补充完善，最终由原卫生部于 2010 年 9 月 8 日颁布施行。

1.1.2　《铁路旅客运输服务质量规范》

《铁路旅客运输服务质量规范》由原中国铁路总公司公布，自 2015 年 1 月 1 日起施行，该规范适用于中国国家铁路集团有限公司所属铁路运输企业，主要包含高铁中型及以上车站服务质量规范、高铁小型车站服务质量规范、普速大型车站服务质量规范、普速中型车站服务质量规范、普速小型车站服务质量规范、动车组列车服务质量规范、空调列车服务质量规范、非空调列车服务质量规范八个部分。这里主要介绍动车组列车服务质量规范中餐饮经营部分的服务质量规范，具体内容如下。

（1）餐饮经营符合有关审批、安全规定，证照齐全有效。食品经营单位的食品安全管理制度健全。

高铁餐饮服务的实质

（2）餐车销售的饮食品符合国家有关规定。销售的商品质价相符，明码标价，一货一签，价签有“CRH”“CR”标志，提供发票。餐车、车厢明显位置、售货车、服务指南内有商品价目表和菜单，无变相卖座和只收费不服务。

（3）餐车整洁美观，展示柜布置艺术，与就餐环境相协调；厨房保持清洁，各种用具定位摆放。商品、售货车等不堵通道、不占用旅客使用空间。售货车内外清洁，定位放置，有制动装置和防撞胶条。

（4）商品柜、冷藏柜、吧台、橱柜不随意放置私人物品（乘务员随乘携带的餐食等定位存放）。餐食、商品在餐车储藏柜、冷藏柜内定位放置，不占用旅客使用空间。

（5）餐车配置的微波炉、电烤箱、咖啡机等厨房电器符合规定数量、规格和额定功率，保持洁净。

（6）经营行为规范，文明售货，不捆绑销售商品。非专职售货人员不从事商品销售等经营活动。餐车实行不间断营业，并提供订、送餐服务。销售人员不在车内高声叫卖，频繁穿梭，销售过程中主动避让旅客。夜间运行时，不得进入卧车销售，座车可根据情况适当延长或提前销售时间，但不得超过 1 h。

（7）供应品种多样，有高、中、低不同价位的预包装饮用水、盒饭等旅行饮食品，2 元预包装饮用水和 15 元盒饭不断供。尊重外籍旅客和少数民族的饮食习惯。盒饭以冷链为主，热链为辅，常温链仅做应急备用，有清真餐食。

视野拓展

2017年1月，多名网友反映，乘坐高铁购买15元盒饭时，餐服人员告知“卖光了”。网友两次致电12306客服热线，其中一位客服表示，高铁上15元盒饭供应量不低于总盒饭供应量的30%。另一位客服表示，高铁上15元盒饭数量是一定的，不保证每位乘客都能买得到，因为高铁上不能做饭，供应数量应以列车具体情况为准。

据了解，除15元盒饭外，高铁上还供应25元、45元等其他价位的盒饭。在当时，高铁供应的餐食已多达数百种，不但有10元以上的，还有10元以下的，如饺子、包子、面包等。

（资料来源：中国新闻网 http://www.chinanews.com/cj/2017/01-13/8123084.shtml，有改动）

韩国小哥品尝中国高铁盒饭

（8）餐饮品、商品有检验、签收制度，采购、包装、贮存、加工、运输、销售符合食品卫生安全要求。

（9）不出售无生产单位、生产日期、保质期和过期、变质，以及口香糖、方便面等严重影响列车环境卫生的食品。超过保质期限的食品单独存放、回收销毁。

（10）一次性餐饮茶具符合国家卫生及环保要求。

任务实施——知识竞赛

任务目的

通过“以赛促学”，让学生全面掌握本任务所学内容。

任务实施

（1）从全班学生中选出1名学生作为主持人，将剩余学生分为4组，每组选出1名小组负责人。

（2）小组负责人带领组员复习本任务所学内容。

（3）主持人组织所有小组进行知识竞赛，竞赛题示例如表1-1所示。主持人进行随机提问，各小组抢答，每题满分为5分。

表 1-1 竞赛题示例

序号	竞赛题
1	《办法》共有几章？主要从哪些方面作出了规定？
2	哪一机构负责指导铁路运营食品安全监督管理工作？
3	负责组织铁路运营食品安全监督管理工作的机构是铁路食品安全监督管理机构吗？
4	省级人民政府食品药品监督管理部门有权对铁路食品安全监督管理机构进行食品安全监督管理业务指导吗？
5	消费者是否有权利举报铁路运营食品安全违法行为？应该向哪一机构举报？
6	铁路站车及规模以上食品生产经营企业是否有必要建立食品安全信息化管理系统？
7	铁路站车生活饮用水应达到哪一卫生标准？
8	《办法》对铁路运营食品贮存与运输的具体要求是什么？
9	铁路食品安全监督管理人员凭什么证件可在辖区内开展食品生产经营监督检查工作？
10	铁路食品安全监督管理机构是否可以采用快速检测方法对食品进行抽查检测？对抽查检测结果表明可能不符合食品安全标准的食品，应依照《食品安全法》哪条规定进行检验？
11	对于违反食品安全法律法规的食品生产经营者，铁路食品安全监督管理机构应依照有关规定给予行政处罚还是刑事处罚？
12	《铁路旅客运输服务质量规范》中规定，餐车销售的商品应符合国家有关规定，做到明码标价，一货一签，价签上应带有什么标志？
13	餐服人员的工作餐是否可以放在吧台的某一固定位置？
14	高铁餐吧中出现超过保质期的食品，应该如何处置？

（4）老师按表 1-2 给各小组进行打分，并统计各小组总得分。

（5）评选出小组第一名，可根据情况适当设置奖品。

表 1-2 活动评分表

小组	答题得分	答题表述流畅情况（10 分）	小组成员协作情况（10 分）	其他（10 分）	合计
第 1 小组					
第 2 小组					
第 3 小组					
第 4 小组					

任务 1.2 高铁餐饮服务许可管理与餐吧食品安全管理

任务引入——耸人听闻的“毒中之王”蔬菜

2018 年 11 月，一个几年前的视频在网上又火了起来，视频名字——《“毒中之王”蔬菜竟是它！目前正大量上市，去毒方法要记牢！》——很吓人。视频中所说的“毒中之王”指的是空心菜，视频中的“营养师”声称：“空心菜是吸收多种重金属最厉害的蔬菜。”

真相果真如此吗？答案是否定的。原因有两个：首先，土壤环境中的重金属种类较多，空心菜可能对其中某一种吸收能力较强，但是对其他重金属的吸收能力就会相应减弱；其次，某种蔬菜对重金属吸收能力强，不一定意味着蔬菜中的重金属含量就会超标。

科信食品与营养信息交流中心科学技术部主任阮光锋说：“蔬菜中重金属含量超标与否，主要是由产地环境决定的。只要生态环境中土壤、水源的重金属含量不超标，就不用担心。”在江苏省相关机构的检测中，虽然 5 种被检测蔬菜都含有一定量的重金属，但其含量远远低于国家安全限量标准。

目前，我国已建立起一整套严格的蔬菜质量安全把控体系——在土壤检测、选种育苗、蔬菜生长过程中农药使用等环节，国家都有明确的控制标准；在上市前，市场监督管理总局、商务部等有关部门也会严格抽检；直至蔬菜被摆到餐桌前，都会有相应的把关程序。只要是在正规菜市场、商场、超市购买的空心菜，都是可以放心食用的。

想一想：

食品是人类赖以生存的物质基础，而食品在生产、加工、运输、贮存、销售等各环节中都可能会受到有害物质的污染，进而降低食品卫生质量，甚至会对人体造成不同程度的损害。为了控制有害物质对食品的污染，作为餐服人员，在上述环节中，应做好哪些方面的工作？

（资料来源：新华网 http://www.xinhuanet.com/2018-11/16/c_1123721834.htm，有改动）

本任务主要介绍《餐饮服务许可证》管理和餐吧食品安全管理这两部分内容。

高铁盒饭诞生记

1.2.1　《餐饮服务许可证》管理

《餐饮服务许可证》管理主要包括《餐饮服务许可证》的申请、延续、变更、补发和注销。

1. 《餐饮服务许可证》的申请

餐饮服务实行许可制度，铁路食品运营者必须在取得《餐饮服务许可证》后方可经营。在取得《餐饮服务许可证》后，应妥善保管，不得伪造、涂改、倒卖、出租、出借或以其他形式非法转让。

温馨小贴士

餐车《餐饮服务许可证》实行“一车底一证”，应将其摆放或悬挂在醒目位置处。

2. 《餐饮服务许可证》的延续

需要办理《餐饮服务许可证》延续业务的铁路食品运营者，应在许可证有效期届满 30 d 前向原许可机关提出延续申请。

对申请延续许可的铁路食品运营者，铁路食品安全监督管理办公室应以加工经营场所、布局流程、卫生设施等是否有变化为重点进行审核，符合规定条件和相关标准及要求的，准予延续并颁发新的《餐饮服务许可证》，原许可证证号和有效期限不变。铁路食品运营者在领取新的《餐饮服务许可证》时，应将原许可证交回发证机关。

温馨小贴士

若逾期提出延续申请，铁路食品运营者应按照新申请许可进行办理。

3. 《餐饮服务许可证》的变更

铁路食品运营者若要改变许可事项（如单位名称、法人或负责人、许可项目等）或改变加工经营场所的布局流程、主要卫生设施，应向原许可机关申请变更许可。未经许可，不得擅自改变。

对申请变更许可的铁路食品运营者，铁路食品安全监督管理办公室应以申请变更内容为重点进行审核，符合规定条件和相关标准及要求的，应准予变更并颁发新的《餐饮服务

许可证》，原许可证证号和有效期限不变。

4. 《餐饮服务许可证》的补发

遗失《餐饮服务许可证》的铁路食品运营者，应于遗失后 60 d 内在报刊上公开声明作废，并持相关证明和补办申请向原发证机关申请补发；若许可证毁损，铁路食品运营者应凭毁损的许可证原件向原发证机关申请补发。

5. 《餐饮服务许可证》的注销

若存在下列情形之一，铁路食品安全监督管理办公室应依法办理《餐饮服务许可证》的注销手续。

（1）许可证有效期届满未申请延续，或延续申请未被批准。

（2）铁路食品运营者未在法定期限内取得合法主体资格或主体资格被依法终止。

（3）《餐饮服务许可证》依法被撤销或被吊销。

（4）因不可抗力导致餐饮服务许可事项无法实施。

（5）铁路食品运营者主动申请注销。

（6）依法应注销的其他情形。

除了需要办理《餐饮服务许可证》，铁路食品运营者还应办理《食品流通许可证》，并依法承担食品安全责任。

1.2.2 餐吧食品安全管理

1. 食品安全

1）食品污染与预防

食品污染是指食品在生产、加工、运输、销售、烹制和食用等各个环节受到外来有毒物质污染的总称。通常，根据食品污染物性质不同，食品污染分为生物性污染、化学性污染和放射性污染。

（1）食品生物性污染与预防。

食品生物性污染包括微生物、寄生虫、昆虫及病毒对食品的污染。微生物污染源主要有细菌与细菌毒素、霉菌与霉菌毒素；寄生虫主要通过病人、病畜的粪便经水体或土壤间接或直接污染食品；昆虫污染源主要包括粮食中的甲虫、螨类、娥类，以及动物食品和发酵食品中的蝇、蛆等；病毒污染源主要有口蹄疫病毒、肝胆病毒等。

在食品生物性污染中，微生物污染占比最大。预防食品微生物污染的主要措施包括以下几种。

① 加强制度建设，严格执行《食品安全法》，贯彻执行生产加工过程中的各项卫生制度和管理，保证食品的卫生质量。

② 做好宣传教育工作，使食品从业人员提高在食品生产各个环节保持清洁状态的意识。

③ 严格按照合理的加工及贮存方式操作。例如，在烹调大块食物时，应确保食品已被烧熟煮透，其内部温度也已达到杀灭微生物所需温度。

④ 定期进行食品卫生监测。例如，定期监测食品中菌落总数、大肠菌群及致病菌的状况。

（2）食品化学性污染与预防。

食品化学性污染种类繁多，来源复杂，范围广泛，主要是各种有害的无机或有机化合物及人工合成物对食品造成的污染。化学性污染主要包括农药污染、有害金属污染，以及食品容器和包装材料等产生有毒有害物质（如有害塑料单体、低聚物、聚合物分解物等）的污染。

① 预防农药污染的主要措施如下。

a．研发高效、低毒、低残留农药。所谓高效是指用量少，杀虫效果好；低毒是指对人畜的毒性低，不致癌、不致畸、不产生特异病变等；低残留是指农药在使用后降解速度快，在食品中残留量少。

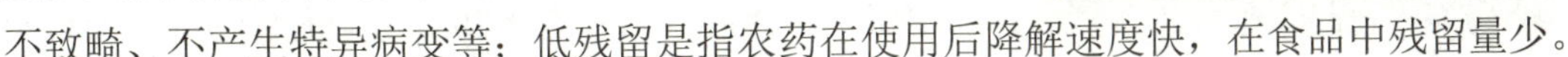

b．合理使用农药。

c．加强对农药的生产经营和管理。

d．规定上市食品中农药的残留量。

② 预防有害金属污染的主要措施如下。

a．阻断污染源，如控制含有害金属工业三废的排放。

b．规定各类食品中有害金属的允许限量。

c．加强食品卫生质量监督与检测。

温馨小贴士

工业三废是指工业生产过程中排出的废气、废水和废渣的简称。其中，工业废气是指工业生产过程中排放出的各种不再使用的气体，包括烟尘、臭气、刺激性气体及其他有害气体；工业废水是指工业生产过程中排放出的，经过使用而退出循环系统的，含有各种有机物、无机物、有毒物的污水；工业废渣是指工业生产过程中排出的固体废弃物，主要包括矿业废渣、冶炼废渣、煤灰渣和工业垃圾等。

③ 预防食品容器和包装材料等产生有毒有害物质的主要措施如下。

a．禁止使用可能产生有害物质（如酚、甲醛等）的塑料。

b．所使用的树脂应符合国家规定的卫生标准。

（3）食品放射性污染与预防。

食品放射性污染是指食品吸附或吸收外来的（人为的）放射性核素，使其放射性高于自然放射性本底值。食品放射性污染对人体的危害主要体现为对免疫系统、生殖系统的损伤，此外，还有致癌、致畸、致突变的严重后果。

温馨小贴士

自然放射性本底值是指自然环境在未受污染的情况下，放射性核素在环境中分布的正常值。

预防食品放射性污染的主要措施如下。

① 加强对污染源的控制。

② 严格执行国家食品卫生标准对放射性物质的限制浓度。

③ 妥善保管食品，防止受到放射性物质的污染。

2）食物中毒与预防

怎样预防食物中毒

食物中毒是指患者食入被有毒物质污染的食物或水而引起的急性中毒。食物中毒的症状主要表现为恶心、呕吐、腹痛、腹泻、头晕、头痛、乏力、发热等。根据病原物质不同，食物中毒可分为细菌性食物中毒、真菌性食物中毒、动植物性食物中毒和化学性食物中毒等。通常，细菌性食物中毒和化学性食物中毒较为常见，下面主要介绍与这两者有关的知识。

（1）细菌性食物中毒与预防。

细菌性食物中毒是指患者食入被细菌或其毒素污染的食物或水后所引起的急性中毒。细菌性食物中毒全年均有可能发生，但夏季为高发期，这主要是由于气温高，适合细菌生长和繁殖。能引起细菌性食物中毒的食物主要为肉、乳、蛋和水产等动物性食品，少数为植物性食物，如剩饭、糯米凉糕等。

预防细菌性食物中毒的主要措施如下。

① 避免污染。如避免生熟混放，保持食品加工操作场所清洁等。

② 控制适当的温度以保证杀灭食品中的细菌或防止细菌的生长繁殖。例如，加热食品时，应使其中心温度达到 70℃以上。

③ 清洗和消毒。这是防止食品受到污染的主要措施。所有接触食品的工具应清洗干净，凡是接触直接入口食品的工具，还应在清洗的基础上进行消毒。

④ 控制加工量。食品的加工量应与加工条件相适应。这是因为如果食品加工量超出

加工场所和设备的承受能力，就难以做到按食品安全要求加工，极易造成食品污染，从而引起食物中毒。

（2）化学性食物中毒与预防。

化学性食物中毒是指食入被化学性有毒有害物污染的食物或水而引起的急性中毒。引发化学性食物中毒的原因主要有：食品原料在种植或养殖过程中受到化学性有毒有害物的污染，或在食用前有毒农药或兽药残留剂量较多；食品中含有天然有毒物质，并且在食品加工过程中未破坏完全，如未煮熟豆浆中的胰蛋白酶抑制剂、四季豆中残存的皂素等。

预防化学性食物中毒的主要措施如下。

① 在进行蔬菜粗加工时，应使用食品洗涤剂溶液浸泡一段时间后再冲洗，烹饪前再烫泡 1 min 左右，以有效去除蔬菜表面的农药。

② 在烧煮生豆浆时应将其煮沸，再以文火维持沸腾状态 5 min 左右，以使胰蛋白酶抑制物等有毒物质彻底分解。

温馨小贴士

豆浆加热至 80℃时，会有许多泡沫上浮，出现“假沸”现象，应注意甄别。

③ 烹饪四季豆时，应先将四季豆放入开水中烫煮至少 10 min，然后再进行烹调。

2. 餐吧食品安全要求

1）冷链餐食的安全要求

（1）储藏要求。

冷链餐食的冷藏和运输环境温度应控制在 0～8℃；如需冷冻的，应达到-12℃以下的温度控制要求。

（2）保质期要求。

① 在冷藏条件下，冷链餐食的保质期不得超过 72 h。

② 加热后中心温度达到 70℃以上并在 60℃条件下热藏的冷链餐食，保质期为 4 h；加热后中心温度达到 70℃以上并在常温条件下保存的冷链餐食，保质期为 2 h。

舌尖上的安全

对于加热后直接采用售货车移动售卖的冷链餐食，保质期为 2 h，若未售出，不得重新放回热藏柜热藏或重复加热后再销售；对于加热后在 60℃条件下热藏，并在一段时间后再采用售货车移动售卖的冷链餐食，保质期为自取出时间起 2 h 或自加热时间起 4 h，最终的保质期以先结束的时间为准。

（3）解冻要求。

① 对于需要解冻的冷链餐食，应在 0～8℃进行。解冻后须重新确定保质期、标注解

冻时间及解冻后的保质期、加贴新的标签。

② 已经解冻但用不完的冷链餐食应存放在食品回收区，填写回收处理登记表，进行统一处理或销毁，不得再放回冷库复冻。

（4）报废要求。

对于超过保质期或包装破损的冷链餐食，应粘贴“报废商品、不得出售”的红色标志，将其放入标有“报废物”容器箱中，按规定集中报废。

2）其他食品的安全要求

（1）预包装食品应达到食品安全标准要求，包装标签应符合《食品安全法》的规定。

温馨小贴士

预包装食品是指预先定量包装在包装材料或容器中，并且在一定量限范围内具有统一的质量或体积标识的食品，如饼干、蛋糕、果脯等。

（2）经营过程中，若发现食品感官性状异常、包装破损、包装标签不符合要求或不清楚，则应立即停止经营该食品。

（3）对国家、地方或铁路食品安全监督机构公布的不符合食品安全标准要求或存在食品安全隐患的食品，应立即停止对该食品的经营。

3. 餐吧食品包装要求

高铁餐吧食品包装要求如下。

（1）餐饮外包装必须标明餐饮成分、食用方法、保质期、生产日期、质量安全图示等标识。

（2）包装材料必须选择可重复使用、可回收利用或可降解的材料，同时确保印制或粘贴的标识、标签无毒，且不直接接触食品。

（3）“CRH”“CR”商标的使用应严格按《商标使用许可协议》施行，“CRH”“CR”商标应印制在产品外包装的显著位置。未经许可，餐饮服务运营商不得标注自有商标和标识。

（4）冷链餐食应符合食品标识控制要求。食品标识应符合国家食品安全标识要求，应以包装封膜时间或加热后冷却到相应温度时间，为食品生产或加工时间，并应标注食用时限。各类时间应标注到年、月、日、时、分。

4. 餐吧食品配送要求

高铁餐吧食品配送要求如下。

（1）餐吧食品配送过程应坚持全程冷链原则。准冷链配送时，必须严格控制时间，

确保食品安全。

（2）确保配送的餐吧食品包装完好，交接流程规范；配送的物品、车辆清洁卫生；配送人员服装统一，整洁卫生。

（3）餐吧食品应及时送至站台，确保开车前 5 min 所有食品上车完毕。

5. 餐服人员个人卫生要求

餐服人员应特别注重个人卫生及行为习惯，具体体现在以下几方面。

（1）上岗时必须穿工作服、工作鞋，确保鞋袜清洁、无味，内衣、外衣应保持整洁。

（2）供应餐食时，应戴口罩和手套，女性应穿围裙。

（3）在工作前，便后，准备食物前，摸了脸、头发、货币后，以及处理完脏物后，都应使用肥皂清洁手部。

（4）不要在离食物近的地方咳嗽、打喷嚏；在旅客面前咳嗽、打喷嚏须用手帕掩住口鼻，并背向旅客。

（5）为旅客服务前不食韭菜、大蒜、大葱和榴梿等具有强烈气味的食品。

（6）在工作区域内不梳理头发、喷洒发胶、修剪指甲或化妆。

任务实施 1——知识竞赛

任务目的

通过“以赛促学”，让学生全面掌握本任务所学内容。

任务实施

（1）从全班学生中选出 1 名学生作为主持人，将剩余学生分为 4 组，每组选出 1 名小组负责人。

（2）小组负责人带领组员复习本任务所学内容。

（3）主持人组织所有小组进行知识竞赛，竞赛题示例如表 1-3 所示。主持人进行随机提问，各小组抢答，每题满分为 5 分。

表 1-3　竞赛题示例

序　号	竞赛题
1	餐车《餐饮服务许可证》应摆放在哪里？
2	对于需要办理《餐饮服务许可证》延续业务的铁路食品运营者，应于何时向原许可机关提出延续申请？

（续表）

序　号	竞赛题
3	准予变更并重新颁发的《餐饮服务许可证》的许可证证号是否会变？
4	应注销《餐饮服务许可证》的情形有哪些？
5	根据食品污染物性质不同，食品污染可分为哪几类？
6	微生物、寄生虫、昆虫及病毒污染这几种生物性污染中，哪种污染占比最大？
7	食品放射性污染是否对人体有致突变的后果？
8	预防食品放射性污染的主要措施有哪些？
9	细菌性食物中毒主要发生在春季和秋季吗？
10	能引起细菌性食物中毒的食物主要有哪些？
11	引发化学性食物中毒的原因主要有哪些？
12	高铁餐吧冷链餐食在加热后中心温度应不低于多少？
13	餐吧食品包装材料必须是可降解的材料吗？
14	应确保高铁开车前多长时间所有食品必须上车完毕？

（4）老师按表 1-4 给各小组进行打分，并统计各小组总得分。

（5）评选出小组第一名，可根据情况适当设置奖品。

表 1-4　活动评分表

小　组	答题得分	答题表述流畅情况（10 分）	小组成员协作情况（10 分）	其　他（10 分）	合　计
第 1 小组					
第 2 小组					
第 3 小组					
第 4 小组					

任务实施 2——主题讨论会

任务目的

通过开展“优秀的餐服人员如何做好食品安全管理”主题讨论会，来激发学生对后续学习内容的积极性。

任务实施

（1）老师在备课时从网上下载视频资源包，里面包含“探秘春运高铁餐”“石家庄客运段高铁餐吧日记”“用脚步丈量人生的餐服长”3 个短视频，作为本次讨论会的视频资料。

（2）将学生分组，每组 6～8 人，每组选出 1 名小组负责人。

（3）请学生先观看已下载的视频，再由小组负责人组织组员进行组内讨论，充分发挥每个学生的主观能动性，讨论若要成为一名优秀的餐服人员，在食品安全管理方面应做好哪些工作。

（4）老师组织各小组分别发言。

（5）各小组发言结束后，学生根据各小组的发言，对“如何成为一名优秀的餐服人员”这一话题畅所欲言。

项目综合演练

活动描述

活动名称：“尚德守法”大 PK——知识竞赛。

活动形式：全班学生分为 4 组，参加知识竞赛。

活动实施

1. 前期准备

（1）从全班学生中选出 2 名主持人、1 名计时员和 1 名计分员，其余学生分为 4 组。

（2）每组选出 3 名组员作为参赛代表，2 名组员作为智囊团。

（3）竞赛所用题目由老师和学生根据本项目所学知识出题。每组学生需出 15 道判断题和 5 道简答题，每道题上做上本组标记，然后将各组编的同一题型的题放在一起组成题库，这些题用于第一、第二关卡。老师需出 22 道选择题、12 道判断题和 12 道简答题，这些题用于第三、第四关卡。

2. 活动流程及规则

竞赛分为 4 个关卡，参考流程及规则如下。

1）第一关——“独闯奇关”

本关题型为判断题（5 分/题），属个人必答题。

每组 3 名参赛代表各答 5 题，需独立作答，题目由答题者本人从选择题题库中随机抽取 5 题，若抽到本组所出题目则放回重抽。第一组第一位参赛代表答完 5 题后，即切换到第二组第一位参赛代表进行答题，按顺序轮换，直至各组参赛代表全部答题完毕。

本关内每题答题时间不得超过 15 s。答对 1 题得 5 分，答错不扣分。在本关内，每个小组允许向本组智囊团求助一次。

2）第二关——“共渡难关”

本关题型为简答题（15 分/题），属团队必答题。

题目由组内任一参赛代表从简答题题库中随机抽取 5 题，若抽到本组所出题目则放回重抽。每组需答 5 题，3 名参赛代表讨论后派代表答题。第一组答完 1 题后，即切换到第二组进行答题，按顺序轮换，直至各组答完本组的 5 题。

本关内每题答题时间不得超过 60 s。每题满分为 15 分，每题得分由老师根据答题情况给出。在本关内，每个小组允许向本组智囊团求助一次。

3）第三关——“眼急嘴快”

本关题型为选择题（10 分/题），属团队抢答题。

本关共 10 题，主持人出完题并喊“开始”后，各组参赛代表都可抢答。

本关内每题答题时间不得超过 15 s。答对 1 题得 10 分，答错扣 5 分。答错的题目其他队可以抢答一次，答对得 7 分，答错扣 4 分。在本关内，每个小组允许向本组智囊团求助一次。

4）第四关——“胆大心细”

本关题型为判断题（5 分/题）、选择题（10 分/题）和简答题（15 分/题），属团队选答题。

组内任一参赛代表从上述三种题型中选择一种题型，再由主持人随机抽题。每组需答 3 题，小组讨论后派代表答题。第一组答完 1 题后，即切换到第二组进行答题，按顺序轮换，直至各组答完本组的 3 题。

本关内判断题、选择题每题答题时间不得超过 15 s，简答题每题答题时间不得超过 60 s。答对所选题目得到相应分数，答错则扣除相应分数。在本关内，每个小组允许向本组智囊团求助一次。

四个关卡结束后，计分员根据表 1-5 所示的竞赛记分表进行分数结算。若存在两个及以上队伍得分相同，则进入加赛环节。加赛环节与第三关的比赛规则相同，题目用第四关中未使用的题目，先得分的小组胜出。

表 1-5 竞赛记分表　　　　第　　组

第一关			第二关			第三关			第四关	合计	备注
每题限时/s	每题分值	本关得分	每题限时/s	每题分值	本关得分	每题限时/s	每题分值	本关得分	本关得分	—	
15	5		60	15		15	10				

3. 奖品设置

竞赛结果出来后，将第一名的小组评为冠军队，第二名的小组评为优胜队，第三名和第四名的小组评为优秀组织队，颁发奖状和奖品（可根据情况设置具体奖品）。

项目学习效果综合考核

1. 填空题

（1）《铁路运营食品安全管理办法》主要是依据＿＿＿＿＿＿＿＿＿＿＿＿等法律法规而制定的。

（2）承运食品的车站应建立健全食品安全管理制度，符合铁路货物运输规定，保持货场环境卫生整洁，实施食品定点货位存放，做好货品＿＿＿＿＿＿，保证食品可追溯。

（3）铁路食品安全监督管理人员应凭＿＿＿＿＿＿在辖区内开展食品生产经营监督检查工作。

（4）餐车销售的商品应符合国家有关规定。做到明码标价，一货一签，价签有＿＿＿标志。

（5）餐饮服务实行许可制度，铁路食品运营者必须在取得＿＿＿＿＿＿＿＿＿后方可经营。

（6）根据食品污染物性质不同，食品污染分为＿＿＿＿＿＿＿＿、化学性污染和放射性污染。

2. 选择题

（1）（　　）负责组织铁路运营食品安全监督管理工作。

A. 国家食品药品监督管理总局　　B. 中国铁路总公司

C. 铁路食品安全监督管理机构　　D. 各省级人民政府食品药品监督管理部门

（2）列车夜间运行时，销售人员不得进入卧车销售，座车可根据情况适当延长或提前销售时间，但不得超过（　　）h。

A. 0.5　　B. 1　　C. 1.5　　D. 2

（3）细菌性食物中毒主要发生在（　　）。

A. 春季　　B. 夏季　　C. 秋季　　D. 冬季

（4）对于需要办理《餐饮服务许可证》延续业务的铁路食品运营者，应在许可证有效期届满（　　）日前向原许可机关提出延续申请。

A. 20　　B. 30　　C. 45　　D. 60

（5）高铁餐吧冷链餐食加热后的中心温度应不低于（　　）。

A. 50℃　　B. 60℃　　C. 65℃　　D. 70℃

3. 简答题

（1）简述应依法办理《餐饮服务许可证》注销手续的几种情况。

（2）简述高铁餐吧食品包装的要求。

（3）简述预防食品农药污染的主要措施。

（4）作为餐服人员，应该从哪些方面保障食品安全？

项目 2　高铁餐吧服务基本知识

在高铁餐饮服务中，餐服人员不仅需要承担岗位职责、提升自身职业素养、树立正确的服务理念和心态，而且还需要正确使用和管理餐吧设备设施，这是更好地为旅客服务的基础。本项目主要从提升餐吧餐服人员基本素养、认识餐吧商品、掌握餐吧商品结算、管理和使用餐吧设备几方面出发，介绍高铁餐吧服务的基本知识。

知识目标

（1）掌握餐服人员的岗位职责及职业素养。

（2）熟悉餐吧商品的种类及特点。

（3）掌握发票的使用与管理。

（4）掌握餐吧中各种设备的使用方法。

（5）掌握餐饮具清洗及消毒流程。

能力目标

（1）能够向旅客准确推荐其所需商品。

（2）能够正确使用餐吧各种电器设备。

任务 2.1 提升餐吧餐服人员基本素养

任务引入——春运“女战士”

春运开启前，为了让旅客提前感受到春节的气息，餐服长小韩用富有年味的窗花打造了“新年餐吧”。装饰好餐吧后，小韩又手脚麻利地把货品整齐地摆放到售货车上。紧接着，她于指定位置立岗，以标准的手势、亲切的笑容引导每一位旅客上车。

到了用餐时间，旅客开始三五成群地来到餐吧就餐，面对络绎不绝的用餐旅客，小韩有条不紊地一一介绍餐食，详细而周到地为有不同需求的旅客提供优质的建议。

由于春运用餐需求大，往往七八位旅客一起点餐，为了让旅客能在旅途中吃上热气腾腾的饭，小韩一刻不停地忙碌着，而自己的午餐往往要在下午两点多才能吃上。饭后，小韩紧接着又对冷藏箱进行例行检查，监控冷藏箱的温度，以确保食品安全。

对于千千万万像小韩一样忙碌的餐服人员而言，他们始终坚信，保障旅客春运出行饮食安全，让旅客享受美好的饮食体验是他们肩之所担、责之所负。小韩也笑意盈盈地说：“既然选择了铁路餐饮事业，就意味着一种责任，一种奉献，一种使命，就要竭尽全力为旅客创造美好的饮食体验。”

想一想：

餐服长小韩身上体现了哪些作为高铁餐服人员应具备的基本素养？

（资料来源：新华网 http://m.xinhuanet.com/gd/2018-03/09/c_1122510069.htm，有改动）

知识储备

高铁餐服人员具备良好的基本素养是高铁餐吧服务的基础。下面主要从餐服人员的岗位职责、职业素养和工作心态三方面讲解如何提升餐服人员的基本素养。

高铁乘务人员职责大揭秘

2.1.1 餐服人员的岗位职责

餐服人员主要包括餐服长和餐服员，餐服员可分为 VIP 餐服员和普通餐服员（下文若不是特别指出，餐服员均指普通餐服员）。餐服人员的岗位职责如表 2-1 所示。

表 2-1　餐服人员的岗位职责

岗　位	主要职责
餐服长	服从指挥，完成上级布置的各项任务
	负责召开出、退乘会，传达相关要求
	负责组织列车配餐工作
	服从列车长的管理，在业务上服从列车长的监督
	负责组织实施餐吧营销工作
	确保餐服（餐饮服务）的质量及安全
	督促餐服员遵照标准进行作业
	负责餐吧保洁及卫生的检查工作
	负责收集旅客对餐服工作的意见，受理旅客餐饮（服）投诉，协助列车长解决旅客困难
	负责餐服紧急情况下的处置与指挥，并及时向主管部门汇报
	负责餐服乘务组在折返站及住宿期间的管理
	负责收集各类反馈信息，并提出改进建议
VIP 餐服员	服从指挥，完成上级布置的各项任务
	负责一等座旅客餐食的供应
	负责组织实施高铁一等座营销工作，确保餐服的质量及安全
	服从列车长管理，在业务上服从列车长监督
	负责一等座保洁及卫生的检查工作
	负责收集一等座旅客对餐服工作的意见，协助列车长解决旅客的困难
	负责作业区域各种紧急情况的处理
	负责向餐服长反映各类信息，并提出合理建议
	完成餐服长布置的其他工作
餐服员	在餐服长的领导下，完成餐服工作
	负责餐吧餐饮的各项准备工作，按标准布置餐吧、餐台和补充各种商品
	负责送餐车和售货车的卫生和整理工作
	负责安全设备设施的检查和安全操作
	负责做好交接工作
	负责餐车的卫生和备品保管工作
	负责餐车商品的销售工作
	负责作业区域各种紧急情况的处理
	负责向餐服长反映各类信息，并提出合理建议
	完成餐服长布置的其他工作

记忆展身手

将学生分成若干组，每组2人，进行“餐服人员岗位职责”的记忆训练。

（1）每名学生各自背诵餐服人员岗位职责。

（2）两学生联合背诵，即一名学生说出餐服长的一条职责，另一名学生紧接着说出餐服长的另一条职责，直至两人将餐服长岗位职责全部背诵完毕。其他两岗位餐服人员的岗位职责采取同样方式背诵。

2.1.2　餐服人员的职业素养

1. 基本要求

高铁餐服人员

高铁餐吧餐服工作对餐服人员有以下基本要求。

（1）严守国家机密，遵守国家法律法规和铁路行业条例规章等。

（2）热爱高铁服务事业，忠于职守，具有高度的责任心。

（3）关心高铁事业发展，爱护列车设备，不贪占列车上的财物。

（4）精神饱满，仪容整洁，行为端庄，举止文明。

（5）服务主动，细致周到，表情亲切，言语和蔼，有亲和力。

（6）团结友爱，谦虚谨慎，平等待人，有严谨的工作作风。

（7）加强学习，不断提高自身的服务技能和处理突发事件的能力，以适应高铁餐饮事业发展的需要。

2. 服务理念

1）以人为本

以人为本主要体现在以旅客需求为导向，围绕旅客需求推行“人性化”服务，以满足旅客在旅行过程中的个性化需求。

2）旅客至上

旅客至上主要表现为时时为旅客着想，满足旅客的合理需求，热情周到地为其服务。若旅客对服务不满意，则应换位思考，多检讨自身不足，从而更好地为旅客服务。

3）落实承诺

餐服人员在工作过程中应积极主动地为旅客服务，对旅客的服务要求一旦承诺，就必须提供相应的服务，以兑现承诺。

2.1.3 餐服人员的工作心态

1. 保持乐观

乐观是心胸豁达的体现，是人际交往的基础，是工作顺利的保证。在从事餐服工作过程中，随时可能面对来自不同方面的困扰，此时应及时调整心态，以积极乐观的心态服务旅客。

故事驿站

曾经，有个记者对三个正在挖煤的工人进行采访。当他走到第一个工人身边时问道："你在干什么？"这个人翻翻白眼道："你眼瞎了吗？没看见我在挖煤！"然后他长长地叹了口气，接着说道："这哪是人干的活啊，又脏又累，每天看不见太阳。"

当记者走到第二个人身边，问了同样的问题。这个人回答道："我在挖煤，没办法，上有老下有小，要养家糊口啊。"

接着，记者走到第三个人身边又问："你在干什么？"这个人抹了一下脸上的汗水，露出两排洁白的牙齿回答道："我在挖煤哩，我挖的煤用途可大了，不仅会给千家万户带去光明，还能使北方同胞免受严寒的侵袭……"

在这段采访中，根据前两个人的表现可以推测，他俩都不会认真完成自己的工作，甚至可能会出现差错。而第三个人却以乐观的心态对待自己认为比较神圣的工作，可以想象，他不仅能保质保量完成工作，而且还能享受工作带来的快乐。

2. 宽以待人

餐服人员需要有包容心，要习惯站在旅客的立场上考虑问题，学会控制自己的情绪，耐心沟通，真诚服务，把工作做到周到细致，这样才能出色地完成销售与服务工作。

3. 服务到底

餐服人员需具备服务到底的心态，追求更好的服务意识，不断完善，不断进步。在销售服务过程当中，餐服人员要义不容辞地承担起为旅客提供服务的责任，为旅客提供令其满意的优质服务。

4. 微笑服务

微笑能够缩短人与人之间的距离，容易使旅客产生安全感、亲切感、愉悦感。微笑是服务工作的润滑剂。营造一种愉悦的服务环境，让旅客在快乐中购买商品并享受服务，是每一位餐服人员努力的方向。

5. 传递爱心

“爱人者，人恒爱之”，这是服务工作的伦理基础。对于餐服人员而言，要做好服务首先要让自己充满爱心，然后将爱心附着在服务上并传递给旅客，让旅客感受到正面的情绪，从而产生愉快的体验。相应地，餐服人员也会得到旅客真诚的回报。

故事驿站

在一个寒风刺骨的夜晚，一对年迈的夫妇找了好久终于找到一家旅馆，没想到当他们去敲门的时候却发现“旅馆客满”。

“这么冷的天，我们该住哪里呢？”望着窗外漆黑的夜晚，这对老夫妇哀叹道。就在这时，店里的一名小伙计看到两位老人年事已高，如果受冻，会让人于心不忍。于是，他把自己的床铺腾出来让给这对老夫妇住，而自己则在店里打地铺睡了一晚上。

这对老夫妇非常感激他，第二天离开的时候坚决要求按照住店的价格付给他钱，但是小伙计拒绝了。临走的时候，老夫妇半开玩笑地说了这样一句话：“你堪当一家五星级酒店的经理了！”小伙计也开玩笑地随口应和道：“这倒不错，那样的话，我的薪水就可以让母亲安享晚年了。”

没想到两年后的一天，小伙计收到了一封纽约来信，信中夹着一张飞往纽约的机票。邀请他前去纽约的正是两年前那对住他床铺的老夫妇。小伙计应邀来到纽约，老夫妇告诉他，这次邀请是想请他做他们在纽约新建的一家五星级酒店的总经理。就这样，年轻的小伙计因为一次爱心的付出，居然在两年后当上了五星级酒店的总经理。

6. 从容应对

餐服人员在进行商品销售的过程中，会与形形色色的人打交道，难免会遇到各种各样的问题，这就需要发挥聪明才智，灵活、妥善、创造性地解决问题，从而更好地服务于旅客。

高铁餐服人员实训

任务实施——“摇转盘、秀风采”游戏

任务目的

通过做游戏的方式，让学生全面掌握本任务所学内容。

任务准备

（1）老师可根据表 2-2 中的内容，也可适当增加知识点，制作一个知识大转盘。

表 2-2 知识大转盘的内容

序 号	知识点	分 值
1	谁负责受理旅客餐饮投诉工作？	5
2	谁来组织列车配餐工作？	5
3	按标准布置餐吧、餐台和补充各种商品的工作由谁负责？	5
4	餐服长需要服从列车长的监督管理吗？	5
5	谁负责餐吧商品销售？	5
6	餐服人员应秉持什么样的服务理念？	10
7	由谁负责收集一等座旅客对餐服工作的意见？	5
8	谁负责保管备品？	5
9	叙述 3 条餐服工作对餐服人员的基本要求	10
10	在工作过程中，餐服人员应保持什么样的工作心态？	10

（2）全班学生分为 6 组，每组选出 1 名负责人，小组负责人带领组员温习本任务所学内容。此外，小组负责人还负责摇动转盘并维持组内秩序。

（3）摇动转盘的顺序如图 2-1 所示，即第 1 小组给第 2 小组摇动转盘，第 2 小组给第 3 小组摇动转盘，以此类推……若转到重复题则再转一次。

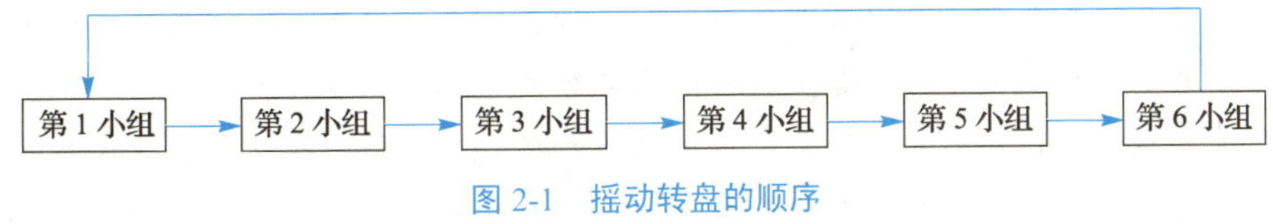

图 2-1 摇动转盘的顺序

任务实施

（1）小组负责人组织组员回答由其他组摇出的问题，所得分数由老师评定。

（2）老师按表 2-3 给各小组进行打分，并统计各小组总得分。

（3）按照最终得分的高低对小组进行排名，可根据情况适当设置奖品。

表 2-3 活动评分表

小 组	答题得分	答题表述流畅情况（10 分）	小组成员协作情况（10 分）	其 他（10 分）	合 计
第 1 小组					
第 2 小组					
第 3 小组					
第 4 小组					
第 5 小组					
第 6 小组					

任务 2.2 认识餐吧商品

任务引入——列车餐食的变身之路

自中华人民共和国成立以来，铁路经历了从绿皮车到高铁、从煤炉烧炭到电气时代的巨大变化，车上的餐食也从“吃饱就好”变到了“锁住营养”，从“饭票售餐”变到了“手机点餐”，从“单一菜品”变到了“五花八门”。

说起以前的餐车条件，在铁路工作了四十余年的老赵深有感触。二十世纪七八十年代餐车条件十分有限，厨师需要使用炉灶烧煤来做饭做菜，煤烟和油烟一股脑儿地钻进厨师的鼻孔，虽然戴着口罩，但时间久了，鼻孔里也全是煤灰。当年列车储存食材的方式也十分原始——铁皮箱包裹棉被和冰块制成了那个时代的“土冰箱”。路途时长超过两天的列车，还需要在途中补充冰块，以保证食材的质量安全。

那时，在饭点前的两三个小时，餐服长便早早地到车厢售卖餐票，餐车根据餐票售卖情况和客流量来准备饭菜，并把做好的饭菜装在可回收的铝制饭盒里，再由餐服员推着售货车送到车厢里，旅客凭票换取。这种餐食大部分是米饭，上面放一点肉和菜。等旅客差不多吃完了，餐服员再推着售货车到车厢回收空饭盒。

改革开放以后，列车餐饮迎来了市场竞争和挑战。商贩们在站台上推着小车售卖不同风味的餐食和特色小吃，不少旅客放弃列车上的餐食，选择在站台上购买。为此，餐车组织餐服人员进行全面的培训，从炒菜、摆台到服务，一项项提质增效。餐车供应的货品开始不断推陈出新，盖饭、炒饭、特色菜为旅客提供了正餐选择，八宝粥、瓜子、花生等休闲食品供旅客闲时消遣。

为了让旅客的满足感从舌尖走向心尖，餐车还推出了餐巾折花、插花等艺术观赏。每趟列车始发的时候，餐服人员都会为餐车设计艺术桌台，让旅客既饱口福又饱眼福。后厨师傅也不甘落后，精益求精地制作着美味佳肴。

如今列车跑入了高铁时代，借助移动互联网，旅客订餐变得更加便捷了。

想一想：

你也许在网上看过这样的小视频——长长的列车车厢过道里，餐服人员推着售货车，一边走一边喊：“请收一收脚了，啤酒、饮料、矿泉水，花生、瓜子、八宝粥……”，时不时停下来，给有需要的旅客递去食品。你知道如今高铁上销售的休闲食品还是这些吗？有哪些新变化？

（资料来源：新华网 http://www.xinhuanet.com/fortune/2019-10/27/c_1125157082.htm，有改动）

知识储备

高铁上的美食

高铁餐饮面对的是来自各行各业的旅行距离不同、消费观念不同的人群。根据如此复杂的消费结构，满足旅客不同饮食需求并使其拥有美好的饮食体验，是高铁餐饮经营的重难点。为此，高铁餐吧针对不同地区旅客的饮食特点，推出了品种多样的套餐，如鱼香肉丝饭、宫保鸡丁饭、香菇焖鸡饭等；其次，还提供了互联网订餐服务，旅客不但可以提前预订高铁餐吧自营的餐食，还可以手机订购沿途的特色美食，如郑州羊肉烩面、西安肉夹馍等。

2.2.1　餐食

高铁餐吧为旅客提供的餐食主要有冷链和热链两种。

1. 冷链餐食

冷链餐食主要是指将主食和菜肴烧煮成熟后充分冷却（在 2 h 内须使中心温度降至 10℃以下），并在中心温度为 10℃以下的状态下分装、储存、运输，食用前须加热至中心温度不低于 70℃的餐食。高铁上常见的冷链餐食有卤肉饭、香芹牛肉饭、红烧牛肉饭、鱼香鸡丝饭、香菇焖鸡饭等。此外，粥类、炒面、炒粉等也属于冷链餐食。这类餐食具有品种多样、营养丰富、方便、快捷等优势。

冷链餐食送上高铁后须存放在冷藏箱中（保存温度为 0～8℃）。为旅客供餐前，应将其放进微波炉，根据不同食材相应的加热时长进行加热。

2. 热链餐食

热链餐食主要是指主食和菜肴烧煮成熟后进行热藏，在食用前中心温度始终保持在 60℃以上的餐食。这类餐食要求地面配送设备与车上临时储存设备具有保温能力。供餐前，热链餐食始终处于保温状态。高铁互联网外卖餐食大多为热链餐食。

原则上，餐服人员不能利用高铁上的微波炉为旅客加热外卖餐食。

2.2.2　饮品

1. 现制饮品

高铁上供应的现制饮品主要有咖啡、茶等。

1）咖啡

咖啡是将咖啡豆经过烘焙、磨粉制作出来的饮品。它与茶、可可组成了流行于世界的三大主要饮品。咖啡是一种兴奋剂，对人体会产生很多影响，如利尿、刺激中枢神经和呼吸系统、扩大血管、使心跳加速、缓解大脑和肌肉疲劳等。

咖啡的发现

相传，很久很久以前，在非洲埃塞俄比亚高原，有一位牧羊人在放牧的时候发现他的羊蹦蹦跳跳，兴奋异常。据他观察，羊可能是因为啃食了一种灌木上的红果子。于是，他摘下几颗果子尝了尝，结果自己也变得亢奋了。

这时，一位城里的修士正好路过这里。他又饿又累又困，为了充饥，修士也吃了几颗红果子。很快，他变得非常清醒，困意全无。修士灵机一动：如果把红果子制成饮料给其他修士喝，他们在祈祷时就不会睡着了。于是，他就摘了一些红果子带回了城里。果然，这种神奇的饮料很快在修道院火了起来。从此，由这种果实制成的饮料被作为提神醒脑的良剂而盛行于世。

中国茶道

2）茶

中国是茶的故乡，据说中国人发现并利用茶是始于神农时代，如今，人们仍保留着以茶代礼的习俗。对于中国人而言，口干时，可以饮茶解渴；疲劳时，可以饮茶提神；空闲时，可以饮茶消遣；烦闷时，可以饮茶清心……

茶叶含有丰富的黄酮类抗氧化物质，如茶多酚、儿茶素等，具有抗氧化、降血脂等多种功效。

2. 其他饮品

1）牛奶

牛奶是最古老的天然饮品之一，其营养丰富，含有供给人体热量的蛋白质、脂肪、乳糖以及人体所需的矿物质和维生素等，被誉为“白色血液”。

2）果汁

果汁的种类多种多样，一般分为鲜榨、罐装和浓缩三种。果汁中含有丰富的矿物质、维生素、糖、有机酸等，它既可以单饮，又可以调制鸡尾酒。常见的果汁有橙汁、柠檬汁、菠萝汁、西柚汁、葡萄汁等。

果汁的最佳饮用温度为8℃左右，因此饮用前应将其放入冷藏设备冷藏一段时间。

3）碳酸饮料

碳酸饮料俗称汽水，是一种含有大量二氧化碳气体的祛热解暑的饮品。常见的碳酸饮料有七喜、可乐、雪碧等。

4）矿泉水

矿泉水中含有多种矿物质，以水质好、无杂质污染而深受人们欢迎。矿泉水有微咸和微甜两类，饮之清凉爽口。

5）啤酒

啤酒是在 20 世纪初传入中国的，属于外来酒种。它是一种以小麦芽和大麦芽为主要原料，加入啤酒花，经过液态糊化和糖化，再经过液态发酵酿造而成的酒精饮料。啤酒酒精含量较低，富含多种氨基酸、维生素、无机盐等营养成分。

2.2.3　其他食品

1. 水果

水果是生活中较为常见的食物，不仅含有大量的维生素和矿物质，还含有丰富的营养成分，能够有效补充人体所需营养。

吃水果的好处

水果是人体所需维生素的重要来源，如鲜枣中含有丰富的维生素 C，是其他水果的几十倍甚至上百倍；水果还是钙、磷、铁、铜、锰等矿物质的良好来源；此外，水果中的有机酸、芳香物质、果胶及纤维素等可刺激胃肠道蠕动和促进消化液分泌，有助于食物的消化吸收。

2. 休闲食品

休闲食品是人们闲暇时作为营养补充或打发时间的食物，其种类繁多，大致可分为以下几类。

（1）凉果蜜饯类，如话梅、瓜果干、酸角糕等。

（2）膨化食品类，如虾条、薯片、鱿鱼酥、蔬菜圈、爆米花等。

（3）肉干类，如牛肉干、牛肉脯、猪肉粒、鱼片等。

（4）干果类，如花生、瓜子、开心果、核桃仁、杏仁、榛子等。

（5）果冻类。

2.2.4　文创产品

高铁餐吧除了销售餐食、饮品、水果、休闲食品等，还会销售一些小包装的文创产品。例如，为了传递奥运精神，北京冬奥会特许商品登上了高铁列车，主要有徽章（见图 2-2）、纪念章、钥匙扣、保温杯、丝巾、邮册、明信片等数十个品种。

高铁特许商品传递奥运精神

图 2-2　徽章

任务实施——调研分享

任务目的

通过收集、整理、分享调研资料，让学生在团队合作中掌握本任务所学内容。

任务背景

京港高铁上的港式餐饮

中国《中长期铁路网规划》(2016—2030 年)，勾画出了新时期“八纵八横”高速铁路网的宏大蓝图。预计到 2030 年，中国将建成“八纵八横”高铁网，基本连接省会城市和其他 50 万人口以上的大中城市，形成以特大城市为中心覆盖全国、以省会城市为支点覆盖周边的高速铁路网。

高速铁路网的搭建扩大了人们的“生活圈”，坐在明亮、舒适的高铁上不仅可以体验“说走就走”的旅行，还能一路品尝沿线的特色美食。

任务准备

(1) 将学生分成 16 组，各组选出 1 名小组负责人。

(2) 小组负责人分配任务，让小组成员上网查找本组所负责的“八纵八横”中一纵或一横沿途特色美食的相关资料（如美食名称由来、美食背后的故事等）。

任务实施

（1）各组根据收集到的信息，挑选出 2～3 种极具特色的美食，分析其特色，撰写销售宣传语。

（2）将讨论结果制成 PPT 文件，并派 1 名代表在课堂上进行讲解（讲解时间控制在 5 min 左右）。

（3）老师按表 2-4 给各小组打分，并进行总结。

表 2-4　活动评分表　　　　第　　组

评分标准	满　分	实际得分	备　注
积极参与活动	25		
宣传语恰当	25		
讲解流畅	25		
PPT 精美程度	25		
合计	100		

任务 2.3　掌握餐吧商品结算

任务引入——移动支付打造“高铁上的电子超市”

2018 年春运，对于成都局集团公司（中国铁路成都局集团有限公司）而言是不一样的春运。这一年，成都局集团公司开启了以“智慧铁路”为主题的春运服务，不仅增加了支付宝、微信、闪付等支付功能，完善和丰富了火车票自助设备支付方式，而且还在铁路车站、列车上开通了“微警务”报警求助平台，以及时接受旅客求助。

此外，成都局集团公司在完善高铁网络订餐商品结构优化的同时，还根据旅客意见率先在西成高铁上开通了“列车商品售卖移动支付”功能。旅客通过扫码支付就可以购买餐吧的餐食、饮料等商品，实现“无现金出行”。

其实，高铁餐饮搭上互联网不算什么新鲜事。早在 2017 年 7 月 17 日，铁路部门就推出了高铁互联网订餐服务，高铁上的自营商品能够完全实现“网上随时下单、线下立即配送”。旅客只需利用手机或电脑进入 12306 餐饮界面，随时网购正在乘坐的高铁上的几十种餐食、饮料等。互联网的出现，使得以往摆在售货车上的货品全部搬到了网上，形成了“高铁上的电子超市”。

想一想：

你知道在高铁上购买商品都有哪些支付方式吗？作为餐服人员如何做好结账服务？

（资料来源：搜狐网 https://www.sohu.com/a/217303496_781147，有改动）

每个餐服人员都应掌握餐吧商品结算的流程及要求，下面主要从结账服务、营业款的管理、发票的使用与管理三方面介绍餐吧商品结算相关内容。

2.3.1 结账服务

高铁餐吧结账服务方式按支付手段划分为现金结账和移动支付结账。

1. 现金结账服务

现金结账服务流程如图 2-3 所示。

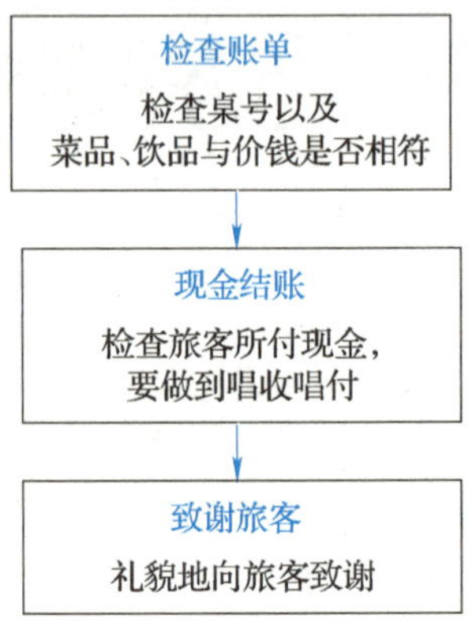

图 2-3 现金结账服务流程

2. 移动支付结账服务

下面以常见的微信支付为例，讲述移动支付结账服务。通常，微信结账有两种方式，一种是餐服员通过扫描旅客出示的付款码进行结算，另一种是旅客通过扫描餐服员出示的二维码进行支付。

2.3.2 营业款的管理

餐服人员在管理高铁餐吧食品销售营业款方面，应满足表 2-5 中的要求。

表 2-5　高铁餐吧食品销售营业款的管理要求

岗　位	要　求
餐服员	在收取现金时应唱收唱付、当面点清，以免出错
	将售出食品的营业款全部上交给餐服长
餐服长	为营业款管理和监督的主要负责人，应配备现金零钞，严禁将私人现金与餐吧食品销售营业款混放
	核实营业款数额后，立即将其存放收好。若中途离开，则必须将其存放在安全的地方或交给专人看管，不得随意放置，严防失窃
	折返站退乘时，要谨慎小心，集体行走，确保人身和营业款安全
	终到退乘时，及时将营业款交到各地派班室，当面点清后双方签字确认

温馨小贴士

唱收唱付是指收款时要说明收取的金额，付款时要说明支出的金额，以免收付出现错误的行为。

2.3.3　发票的使用与管理

旅客消费后需要发票时，餐服人员必须及时提供，不得推诿拒绝。发票分为定额发票和不定额发票，若能为旅客提供定额发票则提供定额发票；若不能，则留下旅客开票信息（主要包括单位抬头、纳税人识别号、开户银行、手机号码、开票金额等），将其发给基地财务，由基地财务为旅客开具不定额发票。此外，对于微信订餐的旅客，还可告知旅客获取电子发票的方式。

铁路餐吧定额发票为单张两联式，即存根联和发票联平行设置，左侧为存根联，右侧为发票联。定额发票的面额为壹元、贰元、伍元、拾元、伍拾元和壹佰元。定额发票的发票票样如图 2-4 所示。

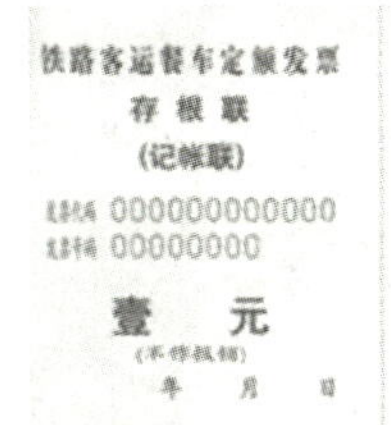

（a）壹元发票票样

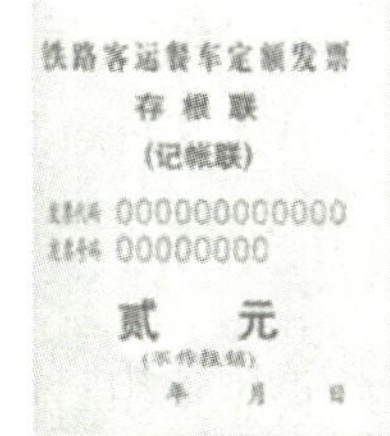

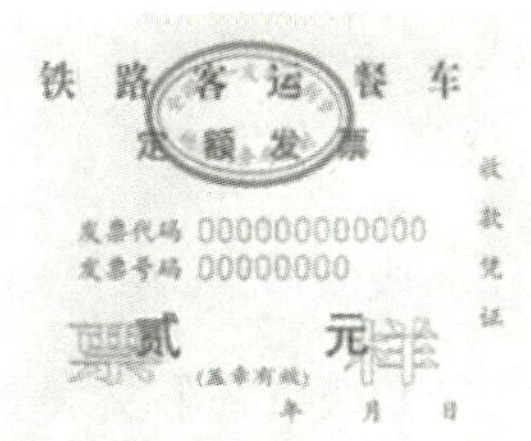

（b）贰元发票票样

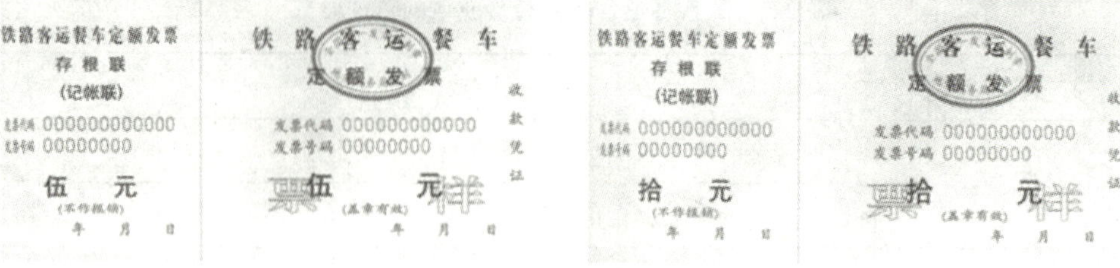
铁路客运餐车定额发票
存根联
(记帐联)
发票代码 000000000000
发票号码 00000000
伍 元
(不作报销)
年 月 日

铁路客运餐车
定额发票
发票代码 000000000000
发票号码 00000000
伍 元
(盖章有效)
年 月 日
收款凭证
票样

（c）伍元发票票样

铁路客运餐车定额发票
存根联
(记帐联)
发票代码 000000000000
发票号码 00000000
拾 元
(不作报销)
年 月 日

铁路客运餐车
定额发票
发票代码 000000000000
发票号码 00000000
拾 元
(盖章有效)
年 月 日
收款凭证
票样

（d）拾元发票票样

铁路客运餐车定额发票
存根联
(记帐联)
发票代码 000000000000
发票号码 00000000
伍拾元
(不作报销)
年 月 日

铁路客运餐车
定额发票
发票代码 000000000000
发票号码 00000000
伍 拾 元
(盖章有效)
年 月 日
收款凭证
票样

（e）伍拾元发票票样

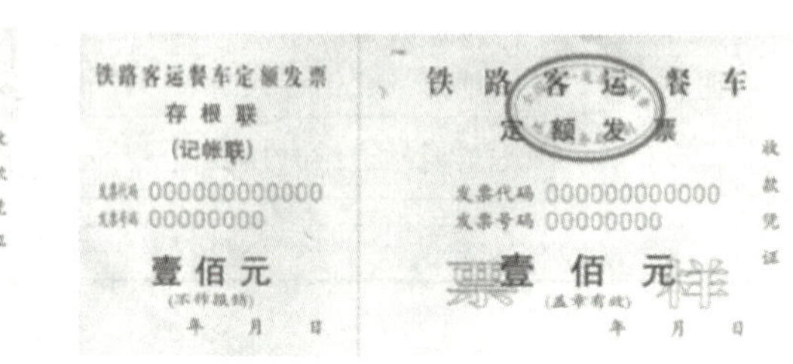
铁路客运餐车定额发票
存根联
(记帐联)
发票代码 000000000000
发票号码 00000000
壹佰元
(不作报销)
年 月 日

铁路客运餐车
定额发票
发票代码 000000000000
发票号码 00000000
壹 佰 元
(盖章有效)
年 月 日
收款凭证
票样

（f）壹佰元发票票样

图 2-4　定额发票的发票票样

2019 年 3 月 30 日，旅客朱先生在×次列车上购买了 35 元的盒饭，由于餐服长忘记留下朱先生的联系方式，未能按照约定给朱先生寄送发票，导致朱先生进行了投诉，对高铁餐吧造成了一定的影响。

1. 发票的使用

铁路局、站段必须给列车和车站的餐饮及销售人员配备足量发票。在使用发票时应注意以下几点。

（1）销售食品后应确保发票各联品名、金额完全一致。发票联交给旅客，存根联留存备查。

（2）应根据实际发生的食品销售如实开具发票，若未发生经营业务，则一律不准开具发票。

（3）开具发票后，若发生销货退回等情况，则必须收回原发票并注明“作废”字样。

2. 发票的管理

（1）铁路餐车发票不得超范围使用，倒买倒卖，对违反发票管理法规的行为，各级税务机关应严格依照《中华人民共和国税收征收管理法》和《中华人民共和国发票管理办法》及其实施细则进行处理。

（2）餐服长为发票保管责任人，发票日常消耗后凭装订完整的存根联领取新发票。

（3）各班组需按提供餐服的额度提供发票，并按收取款项的日期如实填写开票日期。

（4）各班组应加强发票的日常管理，严防丢失或损坏。

（5）各班组每趟退乘时应清点发票的使用情况。

任务实施——模拟演练

任务目的

通过模拟演练结账服务，让学生掌握不同结账方式的流程及要求。

任务背景

旅客郝先生在某高铁餐吧用完午餐后准备结账时却发现账单与实际消费不符，餐服员小李立马再次核对账单，才发现郝先生的账单与另一旅客的账单合到了一起。

任务准备

（1）将学生按 3 人一组分成若干组，每组分角色进行情景表演。角色设定：餐服员小李、旅客郝先生、餐服长。

（2）各组成员需要进行以下准备工作。

① 就上述背景中出现的服务问题讨论出妥善的处理方案，最终使旅客郝先生满意。

② 熟悉现金结账、信用卡结账及移动支付结账的服务流程，任意选择 1 种结账方式完成此次结账服务。

③ 根据活动背景及处理方案编写剧本。

任务实施

（1）各小组根据编写的剧本进行模拟表演。

（2）老师按表 2-6 给各小组进行打分。

（3）每个组员写出各自模拟表演的感悟，并填入表 2-6 中。

（4）老师按照最终得分的高低对小组进行排名，可根据情况适当设置奖品，并做活动总结。

表 2-6 活动评分表 第 组

评分标准	满 分	实际得分	备 注
剧情编排合理	20		
服务流程正确	25		
处理得当	20		
用语恰当	20		
小组配合密切	15		
合计	100		
模拟表演个人感悟	姓名：________		

任务 2.4 管理和使用餐吧设备

任务引入——鸡蛋变炸弹

2017 年 5 月 22 日晚，李先生在办公室加班时突然感觉有些饿。于是，他像往常一样，把一枚生鸡蛋放进瓷杯里，加入半杯水，然后放进微波炉高火加热了 4 min。当微波炉停止转动后，他便打开炉门拿出瓷杯正准备放到桌上时，不料鸡蛋爆炸了，瓷杯被炸得粉碎，碎片四处飞溅。

当时，李先生的脸正对着杯子，面部严重受伤，眼睛难以睁开，在水龙头下冲洗几分钟后，同事将其送到医院进行治疗。

经检查发现，李先生双眼结膜充血，左眼角膜处有异物。医生立即为其清除异物，并对烧伤部位进行抗感染、消肿和修复角膜等处理。经过几天的治疗，李先生已能睁开眼睛，角膜水肿也比之前有所好转，但看东西仍然模糊不清。

对此，李先生后悔不已，“以前听说过微波炉不能热鸡蛋，但每次都是加热完半小时左右才打开炉门，从没出过事，没想到这次吃了大亏。”

其实，类似于鸡蛋、香肠一类带壳或膜的食物放入微波炉加热后，其内部都会产生大量热量，由于热量无法释放，积聚到一定程度后就会发生爆炸。

想一想：

微波炉的使用有哪些注意事项？如何安全使用微波炉？如果在旅客就餐期间微波炉发生故障，无法正常工作，此时，作为餐服人员的你应该怎么办？

（资料来源：中国青年网 http://news.youth.cn/sh/201706/t20170604_9963619.htm，有改动）

知识储备

本任务主要从餐吧的基本设备、餐吧电器设备的安全操作、餐吧餐饮具的管理这三方面，讲解如何管理和使用餐吧设备。

鸡蛋变炸弹的原因

2.4.1　餐吧的基本设备

1. 洗池模块

高铁餐吧洗池模块如图 2-5 所示。厨房侧墙设有洗池柜，洗池柜一端为垃圾箱，另一端为消毒柜；洗池柜台面上设有电茶炉，为厨房提供开水；洗池柜台上部设有吊柜，用于存储厨具等物品，吊柜下面设有照明灯。

图 2-5　洗池模块

2. 加热区橱柜模块

高铁餐吧厨房内设有加热区橱柜模块，如图 2-6 所示。其中，微波炉柜用于放置微波炉，柜体下部为储物柜，上部为吊柜，吊柜内设有微波炉散热风机，微波炉后侧设有隔热板。

图 2-6　加热区橱柜模块

3. 展示柜模块

展示柜是专门为把饮料、啤酒等饮品冷却到一定温度范围内而设计的。其顶部装有 LED 灯，底部设置抽屉。展示柜模块如图 2-7 所示。

图 2-7　展示柜模块

4. 冷藏设备模块

通常，冷藏设备模块包括两台冷藏箱和一台冷冻箱。其中冷藏箱是专门为把食品等冷却到 2～8℃温度范围内而设计的，制冷机组位于上部；冷冻箱是专门为把食品等冷冻到 -18～-14℃温度范围内而设计的，制冷机组也位于上部。

5. 保温柜模块

高铁餐吧厨房保温柜的温度可在 60～110℃范围内调节，用于保存加热后的食品。保

温柜模块设有电子式温度控制器，电子式温度控制器安装在保温柜的上部挡板上。

6. 售货车柜模块

在售货车柜模块中，上部装有电气柜，下部配有售货车。在列车运行中，售货车柜搭扣必须向下锁定售货车，以免售货车失控滑出。

售货车为铝合金制品，上面设饮品存放架，内部设隔板，用来放餐食；售货车滚轮处设有脚踏锁定和解除功能；其上下四个角均设有防撞角。

7. 电气控制柜模块

电气控制柜模块中设有厨房给排水系统、厨房照明和制冷设备等所必需的电气控制系统。

电气控制柜操作面板可实现以下功能。

（1）打开或关闭厨房排水系统。

（2）车上水箱无水报警。

（3）厨房系统水泄漏声光报警及控制。

温馨小贴士

当厨房系统漏水处维修好后，须按下电气控制柜门板蜂鸣器复位按钮。

（4）厨房烟火报警及控制。

（5）厨房污水箱和集水箱排水控制。

（6）其他功能，如照明、故障指示等。

2.4.2　餐吧电器设备的安全操作

1. 餐吧电器设备的使用要求

餐吧电器设备的正确使用与否将直接影响人身安全、设备的可靠性及寿命。餐吧电器设备的使用要求如下。

（1）操作前应确认电源控制柜的状态，各设备开关位置是否正确，指示灯显示是否正常。

（2）在无人操作设备时，应及时将各设备开关置于“关闭”或“零挡位”，切断电源控制柜总电源，锁闭电源柜，做到人走电断，防止发生意外。

（3）不得擅自增大电器设备的功率。

（4）确保冷藏设备、微波炉等电器的插座和插头安装牢固。

（5）使用棉布清洁电器设备，不得使用金属工具刷扫，不得用水冲刷。

2. 微波炉的安全操作

1）微波炉的功能

微波炉的主要功能如表 2-7 所示。

表 2-7　微波炉的主要功能

功　能	具体含义
加热模式	设有手动和程序加热两种模式，能满足操作的灵活性
分段加热	共有三段加热功能，可根据需要提前设置不同的加热方式
记忆烹调	设有多个记忆烹调程序，使用时可直接使用已设置好的记忆烹调程序
一键启动	只需按一下预先设置好的烹调方式，微波炉便可开始工作
工作显示	微波炉工作过程中，随时能显示当前的工作状态
自我诊断	始终监视自身的工作状态，出现故障时能显示出来，并且能定期提醒用户进行维护与清理工作
提示音	在运行结束时提醒工作人员，声响的音量和长度均可调节

2）微波炉安全操作要点

微波炉安全操作的要点如下。

（1）不得使用金属网架及其他金属的器皿，仅可使用陶瓷、耐热玻璃、耐热塑料等器皿盛放食物进行加热。

（2）加热前应先放入转盘支承及玻璃转盘，然后再将盛好食物的器皿放在玻璃转盘上进行加热。

（3）不得直接加热装在密封容器内的液体或其他食物，以免发生爆炸。

（4）使用保鲜纸遮盖食物进行加热时，应将保鲜纸一角掀起，以使蒸汽逸出。

（5）当使用塑料、纸或其他可燃材料制成的简易容器加热食物时，应随时检查，以防起火。

（6）加热少量食物时，应随时观察，防止过热起火。

（7）不得使用微波炉煎或炸食物。

（8）从微波炉内取出食物和器皿时，应使用锅夹或戴上隔热手套，以防高温烫伤。

（9）烹调过程中发生冒烟或起火现象时，应立即切断电源，不得立即打开炉门，避免加大火势。

（10）微波炉内禁止加热不符合微波炉加热要求的食物。

（11）不得用水直接冲洗微波炉，以免发生危险。

（12）不得堵塞微波炉进风口，必须保证通风良好。

（13）不得将微波炉空转，以免影响其性能。

（14）操作完毕后，应先将火力选择旋钮设置为“零挡位”，再关闭供电电源。

（15）每次工作后应清洁炉体，防止清洗液进入内部，造成短路，进而损坏微波炉。

（16）当微波炉炉门或门封损坏以及设备出现异常时，不得继续使用，须及时向上反映情况。

3. 冷藏柜的安全操作

冷藏柜安全操作的要点如下。

（1）确认各部位状态良好后，方可进行正常操作。

（2）不得冷藏过热食物，应将其自然冷却到室温后，方可放入冷藏柜。

（3）尽量避免频繁开启冷藏柜柜门。

（4）使用过程中避免长时间开启冷藏柜柜门。

（5）应将箱体中的物品放置在距离内腔四周至少 3 cm 的地方。

（6）若冰层较厚，必须停机，待冰块完全融化后再启动使用。

（7）定期清除冷藏柜内污物，保持冷藏柜排水孔畅通。

（8）发生故障时，应首先切断电源，不得擅自拆卸冷藏柜配件或打开控制箱，待故障排除后，方可继续使用。

4. 消毒柜的安全操作

消毒柜安全操作的要点如下。

（1）将餐饮具清洗干净后方可放入柜内消毒。

（2）放入餐饮具后，应将消毒柜柜门关紧，并检查是否关好。

（3）使用过程中不得触摸门体玻璃表面，以免烫伤。

（4）消毒柜工作结束后，不得立即触碰消毒物品，需冷却 20 min 后方可取出。

（5）工作中如突然断电，不得立即打开柜门，避免柜内高浓度的臭氧对人体造成伤害。

（6）应先切断电源，再进行消毒柜清洁保养作业。

（7）不得用水冲洗消毒柜，以防紫外线灯管或臭氧发生器进水。

（8）使用中出现异常和发生故障时，须及时向随车机械师反映情况。确认设备状态良好后，方可继续使用。

5. 电茶炉的安全操作

电茶炉安全操作的要点如下。

（1）列车始发供电前，应确保已将电茶炉储水箱内的残水放尽。

（2）清晨服务时，应及时排放储水箱内经过一夜已变凉的冷水，以满足旅客的开水供应。

（3）应随时监控电茶炉的工作状态，确保其正常工作。

2.4.3 餐吧餐饮具的管理

1. 餐饮具的消毒

餐饮具的消毒作业关系到旅客的身体健康，是把好“病从口入”关的重要措施。

1）常见的餐饮具消毒方法

常见的餐饮具消毒方法主要包括物理方法和化学方法两大类。

（1）物理消毒法。

物理消毒法可分为煮沸消毒、蒸汽消毒、干热消毒、红外线消毒和紫外线消毒等方法，如表 2-8 所示。

表 2-8　物理消毒法的分类

分　类	具体含义
煮沸消毒	将餐饮具放在 100℃的沸水中煮 3～5 min，可有效杀灭微生物繁殖体
蒸汽消毒	使用高压蒸汽对管道、容器、设备等进行消毒，灭菌效果较好
干热消毒	使用 120～180℃的干热空气加热物品，以杀灭微生物。该方法多用于不耐湿物品的消毒
红外线消毒	利用红外线的加热作用，使消毒柜中的温度达到 120℃以上来杀灭餐饮具表面的微生物
紫外线消毒	紫外线是低能量的电磁辐射，具有较强的杀菌能力

（2）化学消毒法。

化学消毒法是指使用化学消毒剂进行消毒，常用的化学消毒剂，如含氯消毒剂、过氧化物消毒剂和醇类消毒剂等，具有杀菌效果可靠、性质稳定、毒性低等特点。

使用含氯消毒剂时，必须保证溶液中的有效氯含量，以达到应有的消毒效力。

高铁餐吧通常使用消毒柜对餐饮具进行消毒，它是利用红外线或紫外线来消毒的一种设备。

目前，很多线路的高铁列车使用一次性餐饮具，不需要对餐饮具进行消毒。

2）餐吧餐饮具清洗及消毒流程

餐吧餐饮具清洗及消毒流程如图 2-8 所示。

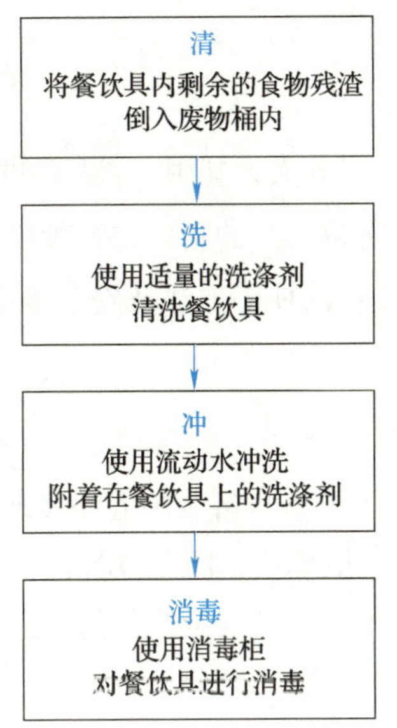

图 2-8　餐吧餐饮具清洗及消毒流程

餐饮具消毒后，切勿使用不洁净的抹布擦拭，以免再次受到污染。

2. 餐饮具的保管

餐吧餐饮具的保管主要包括以下要求。

（1）茶杯和酒杯应分别存放，擦拭干净后扣放在固定位置，应在其下部铺设洁白的垫布。

（2）易碎品不易叠放过高，以免车身摇晃造成破损。

（3）应将金属餐饮具放在干燥的地方，以免沾水受潮；长期保存时，应涂油或撒上滑石粉，以防生锈。

任务实施——担当餐吧设备讲解员

任务目的

通过担当餐吧设备讲解员，让学生掌握餐吧各个模块中设备的使用方法及安全操作的注意事项等内容。

任务准备

（1）将学生分成若干组，每组 6 人。其中，1 人做讲解员，2 人做观众，其他 3 人做评分员。一共 6 轮讲解，每轮中每位学生的角色进行轮换。

（2）熟悉餐吧各个模块中设备的使用方法及安全操作的注意事项等内容。

任务实施

（1）6 人轮流做讲解员，每人负责讲解餐吧 6 个模块中的其中 1 个（6 个模块分别为洗池模块、加热区橱柜模块、展示柜模块、冷藏设备模块、保温柜模块和售货车柜模块），讲解内容为相应模块中设备的使用方法及安全操作的注意事项等。讲解员讲解时应满足以下要求，如表 2-9 所示。

表 2-9　讲解时应满足的要求

要　求	具体内容
基本要求	体态端庄
	目光平和，嘴角略带笑意
	说话和缓清晰
	语言浅显易懂，有吸引力
	态度亲切有礼貌
讲解要求	讲解时，手部做出提示性动作，手势准确
	讲解熟练
	不打断观众的问询
	与观众自然互动
	正确回答观众所提问题

（2）2 名观众积极完成与讲解员的互动。

（3）3 名评分员根据表 2-10 所示的评分表对讲解员的表现进行评分。3 名评分员的各项分数取平均值后填入表 2-10 中。

表 2-10　活动评分表　　　　第　　组

评分标准	满　分	实际得分	备　注
满足基本要求	30		
满足讲解要求	30		
讲解正确	40		
合计	100		

项目综合演练

活动描述

活动名称：“群雄角逐”——知识竞赛。

活动形式：全班学生分为 4 组，参加知识竞赛。

活动实施

1. 前期准备

（1）从全班学生中选出 2 名主持人、1 名计时员和 1 名计分员，其余学生分为 4 组。

（2）每组选出 3 名组员作为参赛代表，2 名组员作为智囊团。

（3）竞赛所用题目由老师和学生根据本项目所学知识出题。每组学生需出 15 道判断题和 5 道简答题，每道题上做上本组标记，然后将各组编的同一题型的题放在一起组成题库，这些题用于第一、第二关卡。老师需出 22 道选择题、12 道判断题和 12 道简答题，这些题用于第三、第四关卡。

2. 活动流程及规则

竞赛分为 4 个关卡，参考流程及规则如下。

1）第一关——“独闯奇关”

本关题型为判断题（5 分/题），属个人必答题。

每组 3 名参赛代表各答 5 题，需独立作答，题目由答题者本人从选择题题库中随机抽取 5 题，若抽到本组所出题目则放回重抽。第一组第一位参赛代表答完 5 题后，即切换到第二组第一位参赛代表进行答题，按顺序轮换，直至各组参赛代表全部答题完毕。

本关内每题答题时间不得超过 15 s。答对 1 题得 5 分，答错不扣分。在本关内，每个小组允许向本组智囊团求助一次。

2）第二关——“共渡难关”

本关题型为简答题（15 分/题），属团队必答题。

题目由组内任一参赛代表从简答题题库中随机抽取 5 题，若抽到本组所出题目则放回重抽。每组需答 5 题，3 名参赛代表讨论后派代表答题。第一组答完 1 题后，即切换到第二组进行答题，按顺序轮换，直至各组答完本组的 5 题。

本关内每题答题时间不得超过 60 s。每题满分为 15 分，每题得分由老师根据答题情况给出。在本关内，每个小组允许向本组智囊团求助一次。

3）第三关——“眼急嘴快”

本关题型为选择题（10 分/题），属团队抢答题。

本关共 10 题，主持人出完题并喊“开始”后，各组参赛代表都可抢答。

本关内每题答题时间不得超过 15 s。答对 1 题得 10 分，答错扣 5 分。答错的题目其他队可以抢答一次，答对得 7 分，答错扣 4 分。在本关内，每个小组允许向本组智囊团求助一次。

4）第四关——“胆大心细”

本关题型为判断题（5 分/题）、选择题（10 分/题）和简答题（15 分/题），属团队选答题。

组内任一参赛代表从上述三种题型中选择一种题型，再由主持人随机抽题。每组需答 3 题，小组讨论后派代表答题。第一组答完 1 题后，即切换到第二组进行答题，按顺序轮换，直至各组答完本组的 3 题。

本关内判断题、选择题每题答题时间不得超过 15 s，简答题每题答题时间不得超过 60 s。答对所选题目得到相应分数，答错则扣除相应分数。在本关内，每个小组允许向本组智囊团求助一次。

四个关卡结束后，计分员根据表 1-5 所示的竞赛记分表进行分数结算。若存在两个及以上队伍得分相同，则进入加赛环节。加赛环节与第三关的比赛规则相同，题目用第四关中未使用的题目，先得分的小组胜出。

3. 奖品设置

竞赛结果出来后，将第一名的小组评为冠军队，第二名的小组评为优胜队，第三名和第四名的小组评为优秀组织队，颁发奖状和奖品（可根据情况设置具体奖品）。

项目学习效果综合考核

1. 填空题

（1）以人为本的服务理念体现在以________________为导向，围绕旅客需求推行“人性化”服务，以满足旅客在旅行过程中的个性化需求。

（2）高铁餐服人员的服务理念为以人为本、旅客至上和__________________。

（3）高铁餐服人员应保持良好的工作心态，如_________________、宽以待人、服务到底、微笑意识等。

（4）高铁餐吧结账服务方式按支付手段划分为__________和移动支付结账。

（5）铁路餐吧发票为单张两联式，即存根联和发票联平行设置，左侧为___________，右侧为____________。

（6）开具发票后，若发生销货退回等情况，则必须收回原发票并注明________字样。

（7）______________为发票保管责任人，发票日常消耗后凭装订完整的存根联领取新发票。

（8）在无人操作设备时，应及时将各设备开关置于___________或___________，切断电源控制柜总电源，锁闭电源柜，做到人走电断，防止发生意外。

（9）使用_________清洁电器设备，不得使用金属工具刷扫，不得用水冲刷。

（10）常见的餐饮具消毒方法主要包括___________和___________两大类。

2. 选择题

（1）下列哪项不属于餐服长的岗位职责？（　　）

A. 收集旅客对餐服工作的意见　　B. 按标准布置餐吧

C. 受理旅客餐饮（服）投诉　　D. 协助列车长解决旅客困难

（2）铁路餐吧定额发票的面额不包括（　　）。

A. 贰元　　B. 拾元

C. 贰拾元　　D. 伍拾元

（3）以下不可作为盛放食物的器皿在微波炉中加热的是（　　）。

A. 金属网架　　B. 陶瓷

C. 耐热玻璃　　D. 耐热塑料

（4）消毒柜工作结束后，不得立即触碰消毒物品，需冷却（　　）后方可取出。

A. 20 min　　B. 30 min

C. 45 min　　D. 1 h

3. 简答题

（1）简述至少 5 条餐服长的岗位职责。

（2）简述高铁餐吧现金结账服务流程。

（3）高铁餐服人员在使用发票时应注意哪几点？

（4）简述高铁餐吧餐饮具清洗及消毒流程。

项目 3　高铁餐吧服务工作

高铁餐吧服务工作是餐服人员的核心工作内容，做好服务工作是提升旅客满意度、促进餐吧经营效益不断增长的前提保障。因此，餐服人员应在掌握作业流程及标准的基础上，加强服务意识，始终坚持以旅客需求为导向，并不断优化餐饮经营模式。

知识目标

（1）了解地面站台配送、加餐配送及外卖配送作业的流程。

（2）熟悉餐吧、售货车、托盘商品的摆放要求。

（3）熟悉餐吧的卫生要求。

（4）掌握餐吧、售货车、托盘商品的销售流程及要求。

（5）掌握商品销售技巧。

（6）掌握高铁餐饮服务要求。

（7）掌握退换货处理的流程、投诉处理的原则及技巧。

（8）了解餐吧餐服班组及库房地面保障组工作交接的内容及要求。

（9）掌握餐吧作业流程标准。

能力目标

（1）能够根据餐吧、售货车、托盘商品的摆放要求正确摆放商品。

（2）能够根据销售要求成功销售商品。

（3）能够提供令旅客满意的餐饮服务。

（4）能够正确处理旅客投诉事件。

（5）能够根据餐吧作业流程标准完成作业内容。

任务 3.1 保障商品配送

任务引入——与列车赛跑的高铁外卖小哥

“啤酒、饮料、矿泉水，花生、瓜子、八宝粥……”这熟悉的售卖声代表了普速列车旅行的一种体验。而如今，在高铁上则升级为另一种体验：坐高铁，点外卖。在高铁列车开通外卖订餐与配送服务后，又一个新兴职业——高铁外卖小哥登上了时代舞台。

与日常外卖一样，高铁外卖订餐也需要提前下单，一般是在列车开车前至少 1 h。例如，旅客从石家庄站到武汉站，如果想上车就能吃上饭，则需要在石家庄站发车前 1 h 下单。

高铁外卖订餐配送与日常外卖订餐配送有什么区别呢？由于大多数高铁列车在车站停靠的时间仅有短短的几分钟，高铁外卖小哥必须在极短的时间内把旅客预订的餐食准确无误地送上列车。用他们的话说：“我们比日常外卖小哥更要争分夺秒，必须提前几分钟到达站台的指定位置，只能人等车，不能车等人。”

高铁外卖小哥不仅要付出巨大的体力，更要有仔细、认真的工作态度。例如，石家庄火车站共有 24 个站台，车型不同，编组不同，餐吧位置也不尽相同，再加上可能出现列车晚点等特殊情况，他们在送餐前必须准确掌握餐吧所在的站台和车厢，只有这样才能保证把餐食顺利地送到旅客手中。

想一想：

对于高铁外卖小哥而言，每次送餐都像是在与列车赛跑。你知道高铁外卖小哥在送餐前要做哪些准备工作吗，具体的配送流程是什么？

（资料来源：石家庄新闻网 http://sjz.hebnews.cn/2019-01/24/content_7339297.htm，有改动）

知识储备

铁路相关部门会根据各线路、车次及时段的客流量配置每个车次餐食、饮品等商品的配发数量。配餐基地（以下简称基地）会根据配发数量计划，在列车发车前安排配送员将商品从库房送至列车餐吧车厢所在站台。列车到站后，配送员再将商品交接给餐服人员。这个过程就是地面站台的配送作业。

当列车在运行途中商品存货不足时，需要在中途站进行加餐，这时需要配送员做好

地面加餐作业，保障列车商品供应。

当旅客通过 12306 网站或 12306 手机 App 下单订购外卖时，外卖配送员负责进行外卖配送作业。当接到外卖订单后，相应的商家会将准备好的外卖餐食送至车站的配送中心，再由配送中心的外卖配送员统一送到站台，与列车餐服员进行交接，之后由餐服员将外卖餐食送至下单旅客的手中。

接下来将详细介绍配送员的岗位职责与要求，以及不同配送作业中配送员的作业流程。

3.1.1 配送员的岗位职责与要求

1. 岗位职责

（1）服从上级的工作安排，保持与餐吧餐服班组、调度室的联系与沟通。

（2）严格执行站台作业标准，灵活应对各种突发情况，及时、安全地完成商品配送任务。

（3）确保配发单明细与配送商品品名、规格、数量、完好状态一致，规范填写配发单，留存并分类整理配发单。

（4）负责商品的安全检查。

高铁外卖小哥

2. 岗位要求

（1）持健康证和培训合格证上岗。

（2）按规定时间和地点参加会议。

（3）不准擅离岗位，上岗前 8 h 内不准喝酒。

（4）在岗时，不准从事与工作无关的事情（如吸烟、吃零食、闲谈、睡觉、玩手机等）。

（5）不准在站内骑车。

（6）禁止站在、坐在或蹲在平板车上。

（7）严格遵守“四禁四须”：严禁超越安全线，严禁站台奔跑，严禁碰撞旅客，严禁飞乘飞降；必须扶车、刹车，必须轻放安全防护网罩，必须封箱、拴链，必须列队、监督。

（8）严禁乱动列车设备。

3.1.2 地面站台配送作业流程

地面站台配送作业流程如图 3-1 所示。

图 3-1 地面站台配送作业流程

1. 配送准备

（1）检查平板车刹车、拉杆、防撞条是否损坏，若损坏则禁止使用，如图 3-2 所示。

（2）检查平板车是否配有“上站台作业车辆通行证”（见图 3-3）标识等。

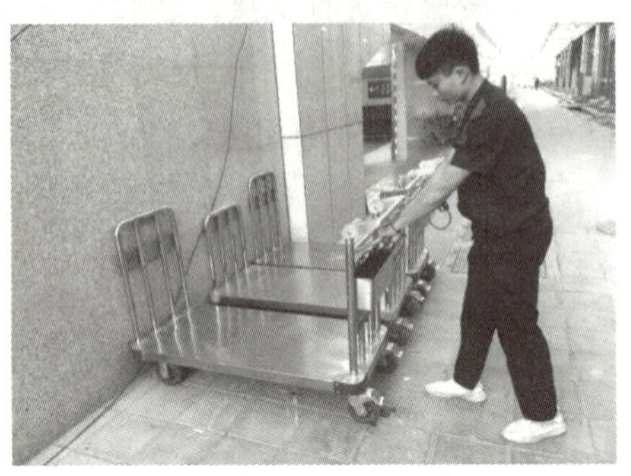

图 3-2 检查平板车是否损坏

图 3-3 平板车的“上站台作业车辆通行证”标识

2. 核对信息

（1）配送员到调度室核对车次、发车时间、站台等信息。

（2）配送员与库房相关人员交接需要配送的商品数量并确认签字。

3. 安全检查

（1）如图 3-4 所示，商品经由安检机检查合格后，安检员贴上“已安检”标识，配送员将商品装入平板车。

图 3-4 用安检机对商品进行安全检查

温馨小贴士

用平板车装载商品时，应将商品摆放整齐，遵循“大不压小，重不压轻”的原则，并且高度不超过 1.5 m（从地面算起，约为三层大保温箱或四层闭合筐的高度），宽度不超过车体，如图 3-5 所示。

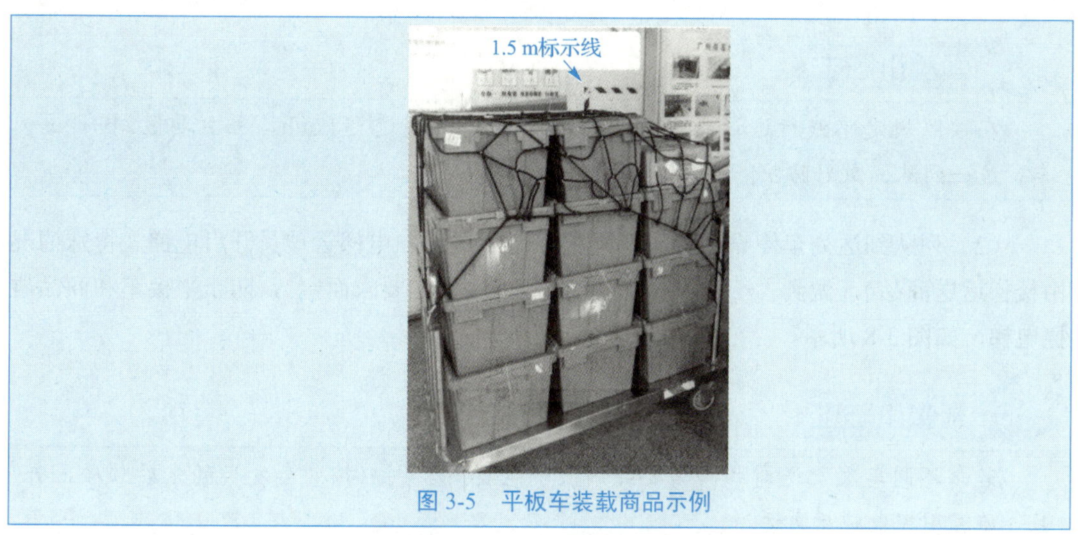

图 3-5　平板车装载商品示例

（2）检查保温箱链条卡扣是否完好、零散物品是否装入闭合筐，纸箱是否封箱。检查完毕后，使用安全防护网罩（见图 3-6）进行固定，列队进入站台。

图 3-6　安全防护网罩

4. 进站接车

（1）若同时向不同车次配送商品，则应按照列车的配送时间，把平板车排列在出库区。确认完站台信息后，按规定路线列队出库，如图 3-7 所示。

图 3-7　列队出库

配送商品

温馨小贴士

在按照规定路线行进过程中，平板车车速不得超过 5 km/h，并且要做到一人一车、统一列队、做好防护。

（2）列队到达列车停靠站台的升降电梯口后，通知电梯管理员开启电梯（特殊情况由楼梯运送商品），做到“一车一梯”（具体视车站实际要求而定），防止平板车和商品碰撞电梯，如图 3-8 所示。

温馨小贴士

若向不同车次配送商品而需要共用同一电梯时，则应按列车发车的先后顺序，并且等旅客用完电梯后再运送。

（3）配送员在站台行进时要呈纵队。到达站台指定位置后，配送员将平板车按平行于股道的方向“一”字横排进行停放，并面向列车进站方向列队接车，如图 3-9 所示。

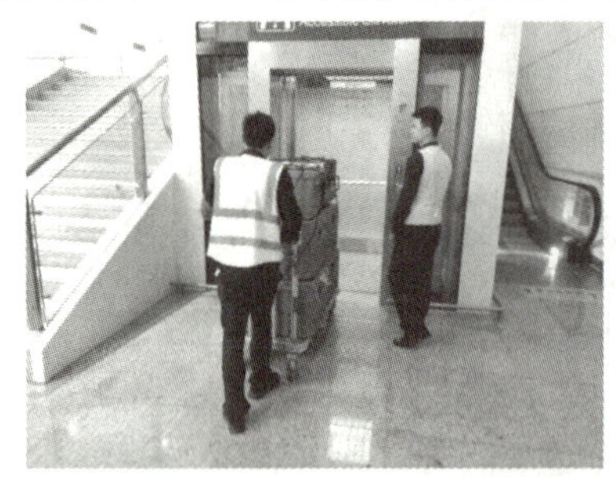

图 3-8　电梯运送商品

图 3-9　列队接车

（4）平板车在站台停稳后必须踩下刹车，确保平板车不能移动，并且至少需要一人手扶平板车，做到“人不离车，手不离把”，如图 3-10 所示。

5. 站台作业

待车体停稳后，配送员要平稳地将商品搬入餐吧车厢，做到轻拿轻放、少拿多取、重物两人搬抬，如图 3-11 所示。

图 3-10　手扶平板车

图 3-11　站台作业

搬抬闭合筐或箱装商品时，其高度不得超过配送员眼睛的高度，以防遮挡视线。

6. 交接

将商品送上列车后，配送员与餐服人员进行商品交接。

7. 列队返回

配送完毕后，按照规定路线列队返回，如图 3-12 所示。

图 3-12　列队返回

3.1.3　地面站台加餐配送作业流程

地面站台加餐配送作业流程如下。

（1）接收调度指挥中心（餐饮调度指挥部门）加餐指令。

（2）通过网络配餐终端获取加餐信息，根据加餐信息准备商品。

（3）按照“地面站台配送作业流程”进行配送。

3.1.4　外卖配送作业流程

外卖配送作业流程如下。

（1）当网络配餐终端接收到外卖订单后，外卖配送员记下车次、时间、订餐旅客等信息。

（2）外卖配送员到配送中心取出商家送达的餐食。外卖配送员应认真核对餐食标签的信息与订单信息是否一致，并检查餐食外观是否破损。确认无误后，外卖配送员按站台信息将装有外卖餐食的保温箱放置在货架上，等待配送。

（3）在列车到站前 10 min，外卖配送员将装有外卖餐食的保温箱送至列车餐吧车厢所在站台。

（4）列车到站后，外卖配送员将餐食送至餐吧车厢吧台，餐服人员当面打开保温箱封条，取出餐食进行核对检查，确认无误后签字。

任务实施——知识竞赛

任务目的

通过“以赛促学”，让学生全面掌握本任务所学内容。

任务实施

（1）从全班学生中选出 1 名学生作为主持人，将剩余学生分为 4 组，每组选出 1 名小组负责人。

（2）小组负责人带领组员复习本任务所学内容。

（3）主持人组织所有小组进行知识竞赛，竞赛题示例如表 3-1 所示。主持人进行随机提问，各小组抢答，每题满分为 5 分。

表 3-1　竞赛题示例

序　号	竞赛题
1	说出 2 条配送员的岗位职责
2	说出 3 条配送员的岗位要求
3	叙述地面站台配送作业的一般流程
4	在进行地面站台配送作业前，配送员需要到调度室核对哪些信息？
5	用平板车装载商品时，应遵循什么原则？
6	在按照规定路线行进过程中，平板车车速不得超过多少？
7	当网络配餐终端接收到外卖订单后，外卖配送员应记下哪些信息？
8	在列车到站前多长时间，外卖配送员要把装有外卖餐食的保温箱送到列车餐吧车厢所在的站台？

（4）老师按表 3-2 给各小组进行打分，并统计各小组总得分。

（5）评选出小组第一名，可根据情况适当设置奖品。

表 3-2　活动评分表

小　组	答题得分	答题表述流畅情况（10 分）	小组成员协作情况（10 分）	其　他（10 分）	合　计
第 1 小组					
第 2 小组					
第 3 小组					
第 4 小组					

任务 3.2　做好营业准备

任务引入——动姐的一天

自从高铁诞生的那一天起，为旅客提供餐饮服务的姑娘们便被旅客亲切地称为“动姐”。凌晨 2 点 40 分，待班室里的叫醒铃骤然响起，每天最早一班出乘的动姐们便从睡梦中醒来，于茫茫的夜色中开始了一天的餐饮服务工作。

化了淡妆的动姐们头戴贝雷帽，身着红色制服，在结束出乘派班流程后，精神抖擞地手拉乘务箱集结到车站的进站口，然后由员工通道经安检进站，再快速来到即将出乘的站台。动姐们整齐列队一字排开，朝列车开来的方向行注目礼，迎接列车进站。

列车进站后，动姐们快速赶到餐吧门口协助配送员将商品从平板车上卸下来，再有条不紊地把罐装饮料、袋装食品、盒装餐食等摆放到展示柜里或贮藏在冷藏柜里。

敞亮舒适的车厢里旅客满座，动姐推着一辆售货车缓慢前行，车上摆满了各种食品和饮料。她们微笑地轻声询问旅客的需要，精心地为旅客提供所需的餐饮服务。

有些车次的动姐们往返于距离上千公里的两座城市之间，站立或走动的时间长达十余小时，每天经手转交给旅客的食品和饮料可达一百多公斤。然而，高强度的体力劳动丝毫未减弱她们为旅客打造美好出行体验的热情，她们坚持秉承“想旅客之所想、急旅客之所急、办旅客之所需”的服务理念，为旅客提供细致而周到的服务。

一天下来，回程高铁终到之际，正是动姐退乘之时，而喧嚣了一天的城市此刻也已变得寂静安然，忙碌了一整天的动姐们便在氤氲晨雾中阔步走向家的方向。

想一想：

你知道动姐们把罐装饮料、袋装食品、盒装餐食等摆放到展示柜里或贮藏在冷藏柜里，有哪些摆放标准吗？

（资料来源：乘务之家网 https://baijiahao.baidu.com/s?id=1612840845300289205，有改动）

知识储备

做好营业准备是高铁餐吧为旅客提供餐饮服务必不可少的前提工作，下面主要从整理餐吧物品、清洁卫生等两方面介绍营业准备的相关知识。

3.2.1 整理餐吧物品

1. 餐吧物品的核对

餐服人员核对餐吧物品时，必须做到账物相符，保证餐吧物品数量和质量达到要求。餐服长和 VIP 餐服员需要做好如表 3-3 所示的核对工作。

表 3-3 餐服人员的核对工作

岗 位	核对工作
餐服长	核对餐吧物品的数量与配发单是否相符，餐吧物品主要包括餐食、饮品、消耗品、清洁用具、托盘、水壶、垃圾袋、客运温馨服务箱、其他备品等
	检查商品及备品的质量和安全性
VIP 餐服员	核对温馨服务物品，这些物品主要包括饮料、茶包、点心、湿巾、水壶、纸杯等
	检查温馨服务物品的质量和安全性

2. 餐吧物品的摆放

高铁餐吧物品的摆放应符合以下基本标准。

（1）安全第一，符合规范要求。

（2）保持整洁美观。

（3）操作便利。

（4）食品与非食品分开存放。

下面以 CRH380AL 型动车组为例，具体说明物品的摆放位置及要求。

1）吧台物品摆放

（1）吧台台面右侧摆放托盘，其上方粘贴价目表；吧台台面左侧摆放水果及热销产品，如图 3-13 所示。

（2）吧台下方 1 号柜用于摆放蓝色或红色整理箱，封闭箱口，码放整齐，如图 3-14 所示。

2）操作台物品摆放

（1）操作台左侧摆放咖啡机，中间摆放两个辅料筐（靠前的辅料筐盛放咖啡、咖啡辅料等，靠后的盛放手套、吸管等），右侧从后到前依次整齐摆放咖啡杯、一次性纸杯、咖啡杯盖，如图 3-15 所示。

（2）操作台下方 2 号柜用于摆放单筷、套筷等备品，如图 3-16 所示。

图 3-13　吧台台面物品摆放

图 3-14　吧台下方 1 号柜物品摆放

图 3-15　操作台台面物品摆放

图 3-16　操作台下方 2 号柜物品摆放

（3）咖啡机正下方 3 号柜用于摆放整件或整箱水和饮料，摆放时应确保外包装完好、陈列整齐，如图 3-17 所示。

图 3-17　咖啡机正下方 3 号柜物品摆放

3）微波炉下方物品摆放

（1）微波炉下方 4 号柜用于摆放冻干面、过夜早餐等，微波炉侧下方用于定位摆放闭合筐，如图 3-18 所示。

（a）微波炉下方 4 号柜物品摆放

（b）微波炉侧下方物品摆放

图 3-18　微波炉下方物品摆放

（2）微波炉下方的抽屉用于摆放餐服班组台账及相关备品。

4）微波炉上方物品摆放

微波炉上方 5 号柜用于摆放整件或整箱常温储存的商品，摆放时应确保外包装完好、陈列整齐；微波炉上方 6 号柜用于摆放备用防烫手套，如图 3-19 所示。

（a）微波炉上方 5 号柜物品摆放

（b）微波炉上方 6 号柜物品摆放

图 3-19　微波炉上方物品摆放

5）电茶炉上方物品摆放

电茶炉上方 7 号柜用于摆放豆浆、牛奶、香辣菜等商品，应按品种、包装归类放置，袋装食品应按左高右低整齐排列，盒装食品应码放整齐，如图 3-20 所示。

6）洗池上方物品摆放

洗池上方 8 号柜用于摆放咖啡包、红茶包、咖啡杯、咖啡辅料、一次性纸杯等，如图 3-21 所示。

图 3-20　电茶炉上方 7 号柜物品摆放

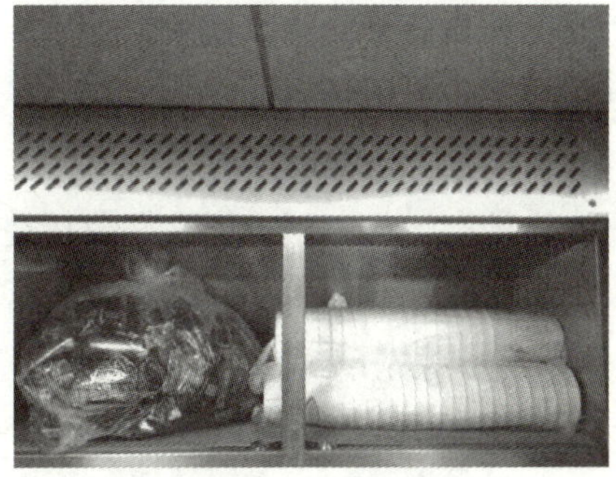

图 3-21　洗池上方 8 号柜物品摆放

7）冷藏箱侧面物品摆放

3 号、4 号冷藏箱侧面的 9 号柜用于摆放乘务箱，摆放时应码放整齐，如图 3-22 所示。

8）餐吧后厨门右侧物品摆放

餐吧后厨门右侧的 10 号柜用于摆放保洁工具、垃圾袋、拖把布等备品，如图 3-23 所示。

图 3-22　冷藏箱侧面 9 号柜物品摆放

图 3-23　餐吧后厨门右侧 10 号柜物品摆放

9）8 号与 9 号车厢连接处物品摆放

位于 8 号与 9 号车厢连接处的 11 号柜分为上下两层，上层用于摆放冻干面，下层用于摆放整件或整箱水和饮料，摆放时应确保外包装完好、陈列整齐，如图 3-24 所示。

（a）11 号柜上层物品摆放

（b）11 号柜下层物品摆放

图 3-24　11 号柜物品摆放

10）配电柜下方物品摆放

配电柜下方用于定位摆放保温箱，如图 3-25 所示。

11）洗池上边物品摆放

在洗池上边从左至右依次摆放折叠整齐的四色抹布及洗洁精，如图 3-26 所示。

图 3-25　配电柜下方物品摆放

图 3-26　洗池上边物品摆放

温馨小贴士

四色抹布分别为白色、黄色、红色和蓝色。其中，白色的用在食品直接接触区域，如咖啡机出水口、高压喷嘴、微波炉内壁等；黄色的用在食品操作和放置区域，如桌面、托盘等；蓝色的用在卫生条件较差的区域，如边缝隙、地面等；红色的用在其他区域。

12）展示柜物品摆放

吧台旁边的展示柜用于摆放饮品，从上层至下层依次摆放高瓶饮料、中瓶饮料、小瓶饮料、罐装啤酒。

温馨小贴士

展示柜内每层第一排摆放不同品种饮品，每一列为同一品种，确保摆放整齐、美观，汉字商标朝外。

3. 售货车商品的摆放

售货车商品的摆放应符合以下基本标准。

（1）做到安全、整齐、便利、美观。

（2）始发时按上货单品种分类摆放，不得缺项，并确保汉字商标面向旅客，商品竖直摆放、不倒放。

（3）根据途中经营情况，适当调整商品的摆放位置。

不同时段，售货车首层摆放不一样的商品。例如，广州某动车组列车不同时段售货车

首层商品的摆放如表 3-4 所示。

表 3-4　广州某动车组列车不同时段售货车首层商品的摆放

时　段	摆放的商品及要求	图片示例
早餐时段 （9:30 前）	（1）重点销售商品/促销商品（堆头式摆放）、早餐类商品（如蛋糕、饼干、早点等） （2）茶系列商品/促销商品（堆头式摆放）、早餐类商品（如蛋糕、饼干、早点等）	
上午茶和下午茶时段 （9:30—11:00，14:30—16:30）	（1）重点销售商品（6 个以上）、茶系列商品（6 个以上）、鸡腿和鸡翅（10 盒以上）、时令水果（4 盒以上） （2）果汁类（8 盒以上）、雪糕（保存在保温箱中）、肉类旅游产品（6 袋以上） （3）果汁类饮料（2 排）、凉果蜜饯类（6 包以上）、坚果类（6 包以上） （4）各类旅游类产品（重点摆放休闲食品）	
午餐和晚餐时段 （11:00—14:30，16:30—20:30）	各类盒饭、香辣菜、汤类等	
宵夜时段 （20:30 及以后）	（1）各类商品（重点销售的商品进行堆头式摆放） （2）根据需求摆放商品（如夏季摆放冷饮、冬季摆放热饮）	

注：① 在不同时段销售时，要循环选用不同摆放方案，以刺激旅客消费。

② 堆头式摆放应突出商品数量，确保摆放美观。堆头式摆放一般用于重点销售的商品。

4. 托盘商品的摆放

不同时段，托盘商品摆放不同，下面以广州某动车组列车不同时段托盘商品的摆放为例（见表 3-5），具体说明托盘商品的摆放。

表 3-5　广州某动车组列车不同时段托盘商品的摆放

时　段	摆放的商品及要求	图片示例
早餐时段 （9:30 前）	（1）咖啡（2 杯）、茶（2 杯）、早点（2 份/盒） （2）茶（4 杯）、早点（2 份/盒） （3）豆浆（4 杯）、早点（2 份/盒） （4）豆浆（2 杯）、咖啡（2 杯）、茶（2 杯）	
上午茶和下午茶时段 （9:30—11:00，14:30—16:30）	（1）咖啡和茶（4 杯）、锁鲜装商品（如蔬菜、水果、熟食等）样品（2 份） （2）茶（4 杯）、鸡腿和鸡翅（2 盒） （3）豆浆（4 杯）、时令水果（4 盒） （4）时令水果（4 盒）、现制饮品（4 杯） （5）整盘旅游类产品（如文创产品、休闲娱乐产品等）	
午餐和晚餐时段 （11:00—14:30，16:30—20:30）	（1）各类盒饭、香辣菜、汤类等 （2）各类盒饭、豆浆、咖啡、茶等	
宵夜时段 （20:30 及以后）	（1）冲泡热饮（如奶茶等） （2）整盘旅游类产品	

3.2.2　清洁卫生

1. 前厅及后厨的卫生要求

餐吧前厅及后厨的卫生要求如表 3-6 所示。

表 3-6　餐吧前厅及后厨的卫生要求

位　置	卫生要求
前厅	确保吧台台面、地面、四壁、顶棚清洁
	做到车窗玻璃无污点，边角无积垢
	应保持窗帘干净整齐，使用良好，无破损、无污渍
	应保持桌椅干净、整齐、无破损，桌套和椅套无污渍
	确保展示柜中物品定位摆放，无杂物
	确保空气质量符合国家标准要求
后厨	后厨物品应定位摆放
	应保持卫生整洁、窗明几净，无死角
	确保厨房操作间和水池无油污，排气扇无油垢
	应保持厨房操作间地面清洁干净，无杂物、无积垢、无积水
	确保后厨地漏盖作用良好
	确保后厨盖布、垫布、抹布易于辨认，且保持清洁
	应保持操作台面清洁
	应及时清理餐厨垃圾，装袋、封口，定位存放在风挡处或车门处
	确保餐厨垃圾袋有专用标识且质地良好

2. 餐饮具的卫生要求

餐吧餐饮具的卫生要求如下。

（1）餐饮具应在充分洗净后进行消毒。

（2）接触直接入口的工具可采取喷洒、擦抹等适当的方法进行清洗和消毒。

（3）应确保已消毒的餐饮具表面光洁，无油渍、无水渍、无异味。

（4）一次性餐饮具应符合国家标准要求。

（5）打开一次性餐饮具大包装袋后，应在保洁柜内进行保存、取用，杜绝二次污染。

（6）餐饮具的保管和使用应实行专人管理。

任务实施——知识竞赛

任务目的

通过“以赛促学”，让学生全面掌握本任务所学内容。

任务实施

（1）从全班学生中选出 1 名学生作为主持人，将剩余学生分为 4 组，每组选出 1 名小组负责人。

（2）小组负责人带领组员复习本任务所学内容。

（3）主持人组织所有小组进行知识竞赛，竞赛题示例如表 3-7 所示。主持人进行随机提问，各小组抢答，每题满分为 5 分。

表 3-7　竞赛题示例

<table>
<tr><th>序　号</th><th colspan="2">竞赛题</th></tr>
<tr><td>1</td><td colspan="2">谁负责清点核对温馨服务物品？</td></tr>
<tr><td>2</td><td colspan="2">温馨服务物品主要包括什么？</td></tr>
<tr><td>3</td><td colspan="2">高铁餐吧物品的基本摆放标准是什么？</td></tr>
<tr><td>4</td><td colspan="2">售货车商品的基本摆放标准是什么？</td></tr>
<tr><td>5</td><td colspan="2">说出 3 点前厅卫生要求</td></tr>
<tr><td>6</td><td colspan="2">说出 3 点后厨卫生要求</td></tr>
<tr><td>7</td><td colspan="2">说出 3 点餐饮具卫生要求</td></tr>
<tr><td>8</td><td rowspan="8">CRH380AL 型
动车组</td><td>蓝色或红色整理箱应摆放在哪里？它们的摆放标准是什么？</td></tr>
<tr><td>9</td><td>操作台上的两个辅料筐用于盛放什么？</td></tr>
<tr><td>10</td><td>咖啡机正下方 3 号柜用于摆放什么？</td></tr>
<tr><td>11</td><td>闭合筐应定位摆放在哪里？</td></tr>
<tr><td>12</td><td>备用防烫手套应摆放在哪里？</td></tr>
<tr><td>13</td><td>电茶炉上方 7 号柜用来摆放什么？这些物品的摆放标准是什么？</td></tr>
<tr><td>14</td><td>乘务箱应摆放在哪里？</td></tr>
<tr><td>15</td><td>保温箱应摆放在哪里？</td></tr>
</table>

（4）老师按表 3-8 给各小组进行打分，并统计各小组总得分。

（5）评选出小组第一名，可根据情况适当设置奖品。

表 3-8　活动评分表

小　组	答题得分	答题表述流畅情况（10 分）	小组成员协作情况（10 分）	其　他（10 分）	合　计
第 1 小组					
第 2 小组					
第 3 小组					
第 4 小组					

任务 3.3　销售商品

任务引入——高铁餐吧设“茶馆”

随着梅汕铁路的开通运营，粤东及粤东北地区融入广深厦“四小时生活圈”，广铁餐饮公司也把粤东特色餐饮美食——工夫茶和沙田柚搬上了梅汕高铁。

一踏进梅汕高铁餐吧就会发现，它俨然变身成了一个“茶馆”——素雅的桌布衬托出了茶艺主题“舌尖上的旅途”，亦有深红色茶席之上的梅花加以点缀。此外，餐桌上还出现了茶道六君子与工夫茶专用器具。化身为茶艺师的餐服人员来到桌前，优雅地为旅客洗茶、沏茶，并详细讲解工夫茶的历史文化和饮茶习俗。

梅州作为中国第二大、广东第一大柚类主产区，沙田柚种植面积近 50 万亩，年产量 80 万吨以上，已有上百年的种植史。由于梅州生态优良，地处富硒带，生产的沙田柚外观光滑，色泽鲜黄，果肉脆嫩爽口，风味浓甜，因此沙田柚成了梅汕高铁专供的特色产品。

除了工夫茶和沙田柚外，梅汕铁路在餐饮服务方面，还为广大旅客准备了鸡扒牛腩双拼饭、广式腊味煲仔饭等多款特色餐食以及上百款知名品牌的休闲食品，以满足广大旅客的多样化饮食需求。

想一想：

在高铁上销售商品时，除了以商品特色为主打卖点外，还可以运用哪些卖点？

（资料来源：中国新闻网 https://www.chinanews.com/sh/2019/11-26/9018068.shtml，有改动）

知识储备

餐服人员应熟悉商品销售的流程和要求。在进行销售服务之前，餐服人员要掌握餐吧所售商品的种类及其特点，以便妥善回答旅客的问询，从而更好地服务旅客、销售商品。

下面主要讲解餐吧商品销售、售货车商品销售、托盘商品销售的流程和要求及商品销售技巧等内容。

3.3.1 餐吧商品销售

1. 餐吧商品销售的流程

餐吧商品销售的流程如图 3-27 所示。

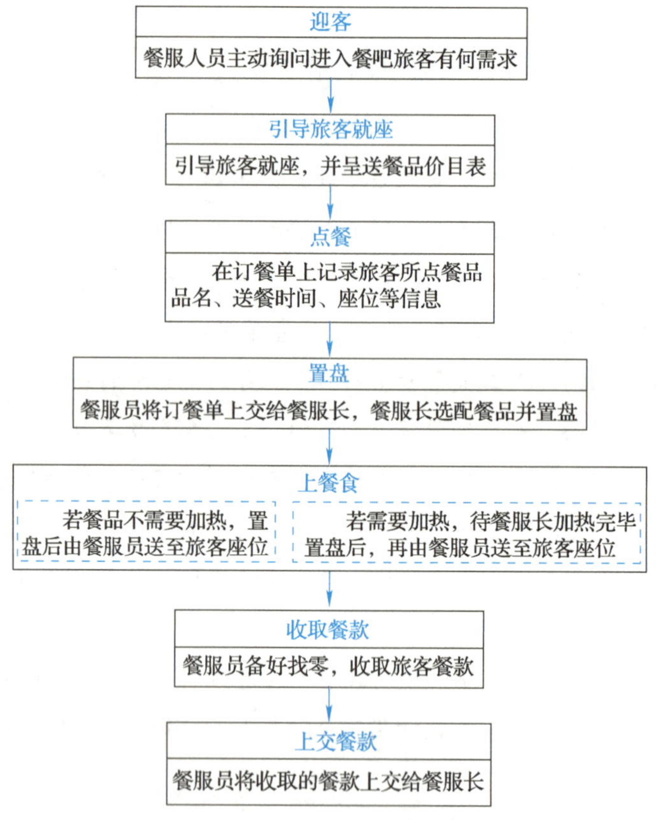

图 3-27　餐吧商品销售的流程

2. 餐吧商品销售的要求

在进行餐吧商品销售时，餐服人员应做好以下工作。

（1）旅客购买商品时，应积极主动介绍餐吧所供餐品的品种，热情为其服务。

（2）为旅客端送已购买的餐品时，应做到端得稳、送得准、送得及时。

（3）应与旅客核实其购买情况后再结账，结账时要唱收唱付，并根据旅客需要提供等额发票。

3.3.2　售货车商品销售

1. 售货车商品销售的流程

售货车商品销售的流程如图 3-28 所示。

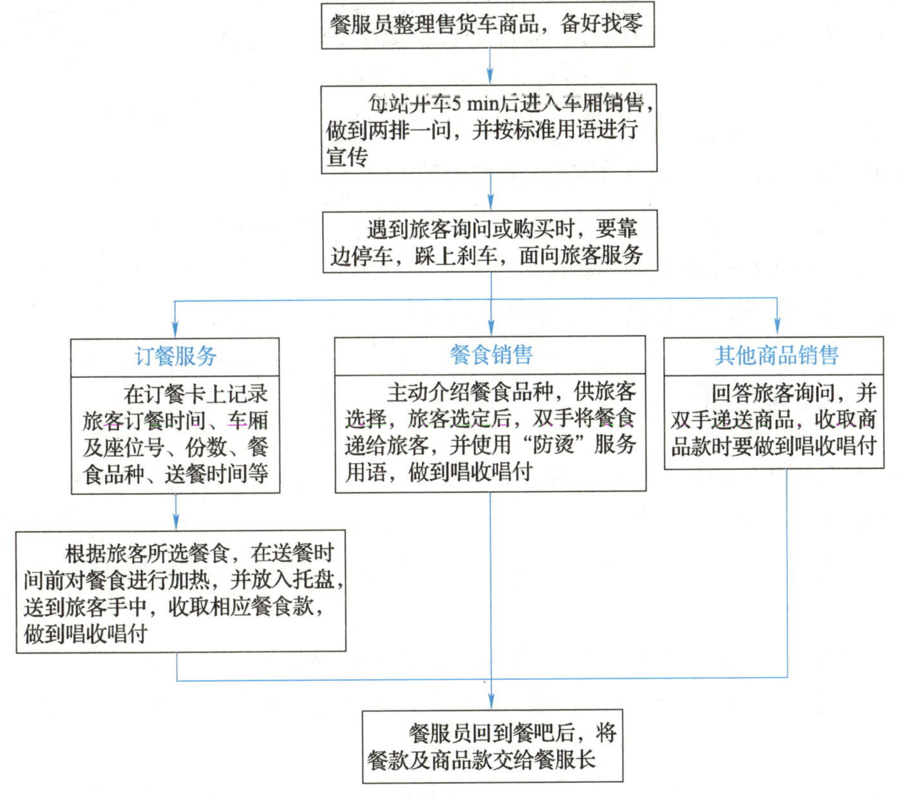

图 3-28　售货车商品销售的流程

2. 售货车商品销售的要求

每站开车 5 min 后，餐服人员需推售货车下车厢进行商品销售，在进行商品销售时应做好以下工作。

（1）按车厢顺序进行销售。

（2）主动询问旅客。

（3）当有旅客询问或购买商品时，应做到动作迅速，

高铁商品为何要下车厢售卖

操作平稳，唱收唱付。

（4）在进行商品销售时，必须做到两排一问。

（5）面对旅客的问询，应面带微笑：“先生（女士），打扰了（您好），我们现在有红茶、绿茶、矿泉水……，请问您需要哪一种？”

（6）推完一趟回餐吧后，应先理货、补充商品，然后再整理个人仪容、仪表，并确保与下趟下车厢的时间间隔不超过 10 min。

（7）如果旅客对餐食有其他要求，餐服人员应解释说明餐吧供应其他品种餐食，旅客可以到餐吧进行选购。

售货车商品销售

（8）提供订送服务时应做好登记，登记内容主要包括旅客所在车厢号、座位号，预订餐品的数量、价钱、食用时间等。

（9）在销售商品过程中应注意防止售货车碰撞到列车设备或旅客。

（10）售卖过程中如果有旅客或其他工作人员经过，应先停止销售，踩下售货车刹车，请旅客或其他工作人员先通过。

（11）遇到列车晃动过大的情况时，应先停止售卖，固定好售货车，保持平衡，坚守岗位，待列车运行平稳后再恢复商品销售。

（12）不得出现“隐瞒销售”“硬性搭售”等不良经营行为。

3.3.3 托盘商品销售

托盘商品销售的流程与售货车商品销售基本相同，在此不再赘述。餐吧餐服班组要遵循售货车、托盘交叉销售的原则。

在准备好托盘商品后，餐服人员要及时下车厢进行销售服务，在销售过程中应满足以下要求。

（1）20 min 完成一次全车厢托盘销售（饭点时间除外）。

（2）为旅客递送任何物品都必须采用托盘作业（托盘和垫纸必须保持干净）。

（3）询问旅客时，与其保持 30～50 cm 的距离。

（4）为旅客递送物品时，站在与旅客正面成 45°角处，待旅客接稳后再松手。

（5）行走途中，托盘的高度基本与自身腰线平齐。

（6）避免从旅客身后或头顶上方递送物品。

（7）提供热饮（如茶、咖啡等）时，须提醒旅客小心烫手。

（8）及时提供旅客点的餐食，严禁出现漏送。

（9）下车厢服务时，严禁叫卖，声音也不宜过大，以免影响旅客休息，要做到无干扰服务。

（10）手拿空托盘时，不得使其从旅客头顶越过。

（11）遇到列车晃动过大的情况时，应先停止服务，站稳扶好，待列车恢复平稳后继续服务。

（12）列车到站前半小时，要对纪念产品（如高铁模型、文创产品等）进行重点销售。

温馨小贴士

端托盘的姿势

左手托住托盘底部的重心位置，右手大拇指握住托盘内沿，其余四指握住托盘右下角，托盘高度基本与腰线平齐，托盘上的重物必须靠近身体内侧，如图 3-29 所示。

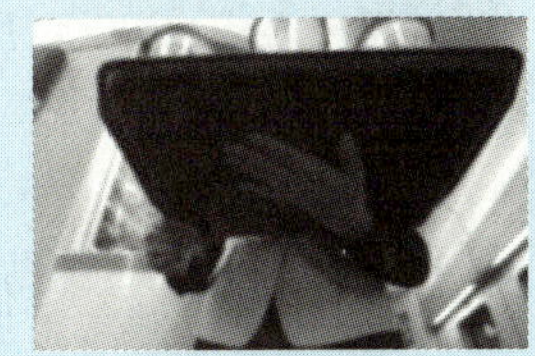

图 3-29　端托盘的姿势

即学即练

（1）将学生按 3 人一组分成若干组，每组分角色进行情景表演。

（2）每组自行编写托盘商品销售剧本。其中，一人扮演餐服人员，为另两名学生扮演的旅客分别提供冷饮和热饮销售服务。服务过程中，餐服人员应注意端托盘的姿势。

（3）3 名学生轮流扮演餐服人员。

3.3.4　商品销售技巧

为了能更好地向旅客推销商品，餐服人员应掌握所售商品的基本信息，如商品品牌、名称、规格、生产地、有效时间、味道等；并在此基础上，了解商品的一些广告标语、趣味故事、营养成分、制作工艺等。这样，在商品销售时就能更好地调动旅客的购买欲望，从而提高商品的销售量。

1. 商品介绍技巧

1）利用好的开场白吸引旅客

开场白的好坏几乎可以决定销售的成败。来餐吧的众多旅客中，一部分是因为好奇而前来参观的旅客，一部分是有购买需求的旅客。为使来参观的旅客购买商品，以及让有购买需求的旅客购买更多的商品，餐服人员应运用高超的语言艺术来引导旅客，从而最终实现销售。例如，把“您好！欢迎光临！”“您好！请问您有什么需要？”等类似的开场白改为“您好！我们这里有饮料、零食、盒饭快餐和小火车模型，请问您需要什么？”

2）在旅客试用商品时把握机会

在劝说旅客试用商品时，很多旅客都会踊跃参与。其中，有些旅客在试用商品的过程中，如果喜欢商品的功能和特性，试用结束后往往就会购买。不可避免地，部分旅客会提出异议，这时就需要餐服人员能够快速察觉旅客的感受和购物意向，并给出相应的解释，从而牢牢把握成交的机会。例如，在售卖小火车模型时，不仅要口头介绍小火车的功能，还要主动邀请旅客亲身感受小火车的功能。当面对旅客的百般挑剔时，应立即分析原因，并从容巧妙应对。通常，旅客提出异议主要是因为以下两点。

餐服人员推销商品

（1）商品本身的问题。

由于疏忽可能错拿了有瑕疵的商品，此时，餐服人员首先应向旅客道歉，然后再拿一款品质良好的商品给旅客试用。

（2）性价比不符合旅客心理预期。

当发生这种情况时，餐服人员可为其推荐其他火车模型，使旅客获得更多的选择权，有机会进行再次权衡。此外，餐服人员还可以通过强调商品的价值来消除旅客对价格的异议，降低旅客对价格的敏感性。

3）扬长避短

众所周知，世界上没有十全十美的商品。因此，餐服人员在向旅客介绍商品时应扬长避短，突出其优点，淡化其缺点。即使旅客直接指出产品的缺点，也不要慌张，更不要怠慢旅客的指责，而是要耐心地向旅客解释，打消其心中的疑虑。

头脑风暴

餐服员小杨在车厢售卖麻花的过程中，遇到了这种情况：有位旅客直言，这款麻花物非所值，只是包装精美，价格贵在了包装上。

假如你是餐服员小杨，正确的做法是什么？如何实现最终的销售？

4）巧妙处理旅客身边人的反对意见

在商品销售过程中，往往存在旅客对商品比较满意，但由于其身边人的一句话就迫使销售终止的现象。其实，旅客身边人既可成为餐服人员成功销售的障碍，也可成为成功销售的助力，关键在于餐服人员如何利用旅客身边人的力量，如巧妙地处理其反对意见，并使用恰当的引导来促使销售工作顺利进行。

2. 语言技巧

商品销售是高铁餐吧服务工作的重要环节，营销语言的巧妙应用是高铁餐服人员专业知识和服务技巧的集中体现。餐服人员在商品销售过程中用语应文明，尽量使用选择性、建议性语言，热情地与旅客进行沟通。

1）宣传语

餐服人员在进行商品销售时，应口齿清晰、音量适中，并根据实际情况设计一些朗朗上口的宣传语。

（1）根据现有商品品种设计宣传语，如“各类饮料、酒水、小吃、点心，有需要的旅客吗？”“午餐/晚餐供应××，有需要的旅客吗？”等。

（2）根据现有商品品种名称设计宣传语，如“牛肉干、鸭脖、凤爪、花生，有需要

的旅客吗？”“现供应红烧牛肉、宫保鸡丁、××套餐，有需要的旅客吗？”

温馨小贴士

不宜一次性说出过多商品名称，以防旅客听不清楚。

（3）利用品牌效应设计宣传语，如“精武鸭脖、青岛啤酒、雀巢咖啡，有需要的旅客吗？”等。

头脑风暴

暑运期间，G115 次列车 4 号车厢有 10 个小朋友在各自父母的陪伴下，组团前往上海迪士尼乐园。

假如你是该趟列车的餐服人员，想要针对这 10 个家庭进行有效的商品推销（如高铁模型、餐食、饮品等），请编写一段朗朗上口的宣传语。

2）服务用语

旅客在选购商品时，餐服人员应热情主动地为旅客服务。具体服务时机及服务用语如表 3-9 所示。

表 3-9　服务时机及服务用语

服务时机	服务用语
问候	“您好，很高兴为您服务！” “您好，欢迎光临！”
征询旅客意见	“您需要什么吗？” “您需要喝点什么吗？” “您需要零食还是饮料？” “您需要用餐吗？”
与旅客沟通以助其做出选择	“您爱吃甜食吗？” “这个是低糖的，适合您吗？” “这个是微辣的，需要来一份吗？” “我们现在有××、××几种套餐，您喜欢哪一种呢？” “您是喜欢吃牛肉还是鸡肉呢？”
利用恰当的语言引导旅客	“您还需要什么吗？” “您需要搭配什么饮料吗？” “可以再来瓶啤酒，您需要吗？” “您可以各来一个，味道都很好的！” “两种搭配一起吃，会有不一样的味道哦！” “这个是我们的地方特色食品，您可以带回去给亲人朋友品尝一下，需要多来一份吗？” “您用餐时需要配汤吗？”

（续表）

服务时机	服务用语
在旅客犹豫不决时，适当增加压力以促成销售	“您需要的话就得抓紧时间了，车上存货已经不多了。” “这个是我们的明星产品，卖得非常好。” “售货车上只剩最后这些了，等会儿推回来可能就没有了。”
售货车上没有旅客需要的商品而餐吧有时	“不好意思，售货车上卖完了，您如果需要，我等会儿给您带过来。” “售货车上没有了，但是餐吧还有，您可以去餐吧选购，餐吧在××号车厢。” “您可以去餐吧用餐，餐吧现在有空位，餐吧在××号车厢。”
刺激旅客消费欲	“这个精武鸭脖是武汉的特色小吃，味道很好的。” “精武鸭脖可是全国有名的。” “您可以放心吃，这个鸭脖辣口不辣心，吃了不上火的。” “这款食品营养丰富着呢。” “这个是低脂肪的。”
旅客所点餐食需加热或加热时间较长时	“不好意思，您点的餐要加热，需要多等一会儿，可以吗？” “您如果等不及，可以先吃点其他食品，我们这里还有一些蛋糕、点心。”

温馨小贴士

当旅客在购买商品犹豫不决时，可通过适当增加压力来促成销售，但这个时候应注意要面带微笑，同时语气要亲切，态度要和蔼。

3）应答口径示例

下面主要介绍针对产品、食品安全和服务三类常见问题的应答口径示例。

（1）产品类。

产品类问题的应答口径示例如表 3-10 所示。

表 3-10　产品类问题的应答口径示例

示　例		具体内容
示例 1	问题	“为什么没有 15 元盒饭/2 元水？”
	应答	“先生/女士，您好。目前铁路已经不再针对某一食品的配备做硬性规定，我们这次列车已经配备了一定数量的 15 元盒饭/2 元水，但非常抱歉，因为今天客流量较大，所以购买 15 元盒饭/2 元水的旅客较多。您可以尝试下我们的其他特色餐食，营养价值高、味道也不错。另外，还有其他低价位的零食小吃，您看一下。”
	技巧	（1）向旅客解释原因，请求谅解 （2）向旅客推荐其他商品以转移焦点 （3）先推荐同类商品，再从低价位的开始推荐
	禁忌	直接回答“售罄、卖完了、没有”等

（续表）

示　例		具体内容
示例 2	问题	“你们配发了多少份 15 元盒饭？”
	应答	“先生/女士，您好。配发数量都是根据各线路、车次及时段的客流量来配置的，以满足旅客用餐需求为标准。占比的话，按单个餐食品种来说，低价盒饭的占比相对较大，我们餐食的配发都是以中低价位为主的，具体占比每个车次有所不同。请您理解。”
	技巧	主要围绕“配发量是能满足列车旅客用餐需求的，它会根据客流量进行调整”来回答
	禁忌	直接将配发量告知旅客或将配发单给旅客查看
示例 3	问题	“为什么商品种类这么少/为什么没有冷链餐食？”
	应答	“先生/女士，您好。由于今天的客流量较大，许多旅客都有用餐需求，给您带来的不便敬请谅解。我们现在还有鸡翅、鸡腿以及××餐食，都很受旅客欢迎，请问您需要哪一种呢？”
	技巧	（1）向旅客解释原因，请求谅解 （2）向旅客推荐其他商品以转移焦点 （3）先推荐同类商品，再从低价位的开始推荐
	禁忌	直接回答“售罄、卖完了、就配了这几种、只有这几种、不知道”等
示例 4	问题	“你们不能联系下个车站补充餐食吗？”
	应答	（1）“您好，我们已经将情况上报，正在努力协调中。但由于下个车站是外局负责的站点，餐食补给要根据对方的餐食剩余量、准备时间、人员能否配送、列车停靠时长等多种因素来决定，还请您谅解。我们现在还有鸡腿、鸡翅、小吃、零食、面包、蛋糕等，味道都不错，受到很多旅客的喜欢，您看要不要试一下呢？” （2）“现在铁路开通了 12306 沿途站的外卖服务，您可以打开 12306 手机 App 预订下个车站的餐食，我们会为您接餐、配送。您看需要我为您展示一下怎么预订吗？”
	技巧	（1）首先向旅客表示餐吧已在努力解决“没有餐食”的问题 （2）然后向旅客解释下个车站不能补充餐食的原因 （3）接着要为旅客提供“吃不到饭”的解决方案，如介绍小吃、零食等商品 （4）若遇到旅客态度强硬，可推荐旅客订购外卖，并主动为旅客提供外卖订购的演示
示例 5	问题	“我可以看一下××盒饭吗？”
	应答	“先生/女士，您好。这是××盒饭，味道正宗，香气浓郁，很受旅客的喜欢，您要试一下吗？”
	技巧	（1）落落大方地向旅客展示商品 （2）向旅客介绍此款商品的特点，吸引旅客关注

（2）食品安全类。

食品安全类问题的应答口径示例如表 3-11 所示。

表 3-11　食品安全类问题的应答口径示例

示　例		具体内容
示例 1	问题	“为什么微波炉不能加热旅客外带餐食？”
	应答	“您好，我们很乐意为您服务，但因为餐吧对使用微波炉加热食物有严格要求，需要专业人员对加热器皿、食物等进行检查、确认。出于安全考虑，很抱歉无法为您加热，请您理解。”
	技巧	（1）向旅客解释微波炉加热食物的复杂性 （2）向旅客解释无法加热的根本原因是“出于安全考虑” （3）礼貌向旅客致歉
	禁忌	直接回答“这不是列车的产品，不可以加热”或“需要购买列车产品才可以加热”等
示例 2	问题	“你们食品的保质期是多长时间？怎么处理当天没卖完的盒饭？”
	应答	“您好，我们食品的保质期以 24 小时为主，当天没销售完的要报废，是按公司报废流程撤到配餐中心统一进行销毁的。”
	技巧	（1）委婉而笼统地说明食品保质期 （2）简要说明报废流程
	禁忌	（1）直接详细介绍各类食品的保质期 （2）详细介绍报废流程
示例 3	问题	“这些都是冷链餐食，为什么有 24、52、72 小时这些不同的保质期，有什么区别吗？”
	应答	“您好，由于不同企业执行的标准不一样，因此保质期会有所不同。但这些标准都是国家或者地方相关机构认可的，符合国家食品安全生产储存要求。”
示例 4	问题	“你们的食品检测报告都经过哪些部门审批了？”
	应答	“您好，我们公司所有配发的食品都是经过食品安全和卫生部门检验合格的。”

温馨小贴士

回答完旅客提出的食品安全类问题后，若旅客仍有疑问，餐服人员可请旅客留下联系方式，表示将有专业人员为他解释。

（3）服务类。

服务类问题的应答口径示例如表 3-12 所示。

表 3-12　服务类问题的应答口径示例

示　例		具体内容
示例 1	问题	“餐吧必须要买东西才可以坐吗？有最低消费吗？”
	应答	“您好，餐吧主要用于给用餐旅客提供座位的，没有最低消费。现在用餐旅客不多，您可以就座。如果有用餐旅客需要就座，还请您支持工作，为用餐旅客提供一下座位。旅客用餐结束离开后，您是可以继续就座的。”

（续表）

示　例		具体内容
示例 1	技巧	（1）肯定地回答不消费也可以就座，且没有最低消费限制 （2）提出“如有用餐旅客需要就座，请他支持工作”的要求 （3）向旅客表示，用餐旅客离开后可以继续就座
示例 2	问题	“为什么送餐这么慢？”
	应答	“您好，很抱歉没有及时为您服务，由于今天的客流量较大，用餐的旅客较多，导致没有及时送餐，还请您谅解（鞠躬）。现在马上为您安排送餐，请稍后。”
	技巧	（1）第一时间主动道歉 （2）向旅客解释原因，请求谅解 （3）明确表示马上为旅客安排送餐
示例 3	问题	“为什么没有给发票？”
	应答	“您好，很抱歉没有及时为您提供发票。餐吧的任何商品我们都是可以提供发票的。请问您所购买餐食的金额是？”（拿出发票）
	技巧	（1）主动道歉并表示可以提供发票 （2）询问旅客所购买餐食的金额，拿出发票，暗示可以马上开发票

即学即练

（1）将学生按 2 人一组分成若干组，每组分角色进行情景表演。

（2）每组自行编写剧本。其中，一人扮演餐服人员，另一人扮演旅客。旅客提出 3 个产品、食品安全和服务类问题，餐服人员进行应答。

（3）2 名学生轮流扮演餐服人员。

4）迎检服务用语

下面主要针对铁路方面检查和餐饮公司内部检查两种情况，讲解服务用语。

（1）铁路方面检查。

铁路方面检查主要分为收到通知或有餐饮公司领导指引，无通知、有列车长指引，无通知、无指引三种情况。在迎检过程中要针对不同情况使用不同的服务用语，如表 3-13 所示。

表 3-13　针对铁路方面检查的服务用语

迎检情况	迎检流程	服务用语
收到通知或有餐饮公司领导指引	迎客问候	“领导您好，我是本次列车的餐服长/员××，欢迎您登车检查及指导。”
	递送茶水/矿泉水	“领导您好，先稍坐喝杯水吧，您看下还有其他需要吗？我们有现制的咖啡和茶饮，您需要来一杯吗？”（咖啡和茶饮的询问视情况而定）

（续表）

<table>
<tr><th>迎检情况</th><th colspan="2">迎检流程</th><th>服务用语</th></tr>
<tr><td rowspan="2">收到通知或有餐饮公司领导指引</td><td colspan="2">陪同检查</td><td>根据检查人员所问或检查情况进行相应迎检解答。若检查发现问题，先根据情况对检查出的问题进行解答/解释，然后表示感谢：“感谢您的指导，我们会立即改正/改善，并及时进行反馈。”</td></tr>
<tr><td colspan="2">送客</td><td>“领导请慢走，再次感谢您的指导与监督，欢迎您下次登车检查。”</td></tr>
<tr><td rowspan="4">无通知、有列车长指引</td><td colspan="2">递送茶水/矿泉水</td><td>“领导您好，先喝杯水吧。”</td></tr>
<tr><td colspan="2">核实身份</td><td>“列车长，我们现在吧台管理比较严格，请问这位领导是？我和公司反馈一下。”</td></tr>
<tr><td colspan="2">公司允许</td><td>可参照“收到通知或有餐饮公司领导指引”的迎检情况</td></tr>
<tr><td colspan="2">公司不允许</td><td>给出合理的解释“十分抱歉，列车长，刚请示了队长/主管/经理，队长/主管/经理回复……”</td></tr>
<tr><td rowspan="3">无通知、无指引</td><td colspan="2">认识该检查人员</td><td>可参照“收到通知或有餐饮公司领导指引”的迎检情况</td></tr>
<tr><td rowspan="2">不认识该检查人员</td><td>核实身份</td><td>“领导抱歉，根据吧台管理规定，非本车次工作人员不得随意进出吧台，麻烦您出示下证件，我做个登记，非常感谢。”</td></tr>
<tr><td>核实后</td><td>可参照“收到通知或有餐饮公司领导指引”的迎检情况</td></tr>
</table>

（2）餐饮公司内部检查。

餐饮公司内部检查主要分为迎检人员认识和不认识该检查人员两种情况。在迎检过程中要针对这两种不同情况使用不同的服务用语，如表 3-14 所示。

表 3-14　针对餐饮公司内部检查的服务用语

迎检情况	迎检流程	服务用语
认识该检查人员	迎客问候	“领导您好，欢迎您登车检查，我是本次列车的餐服长/员××，接下来由我向您汇报餐吧餐服班组的工作情况。”（反馈实际情况，包括列车的餐吧设施设备运转情况、商品配发及销售情况、客流情况、组内成员的业务情况等）
	递送茶水/矿泉水	“您好，您带杯子了吗，我帮您加点茶水吧。”或“您好，您先喝瓶矿泉水吧。”
	陪同检查	若检查发现问题，先根据情况对检查出的问题进行解答/解释，再表示“这方面我们确定做得还不够好，感谢您的指导，我们会立即改正/改善。”
	送客	“领导请慢走，欢迎下次登车检查。”
不认识该检查人员	确认身份	“您好，请问您是？”确认完身份后，“抱歉，我之前没有见过您，下次就知道了，欢迎检查。”
	确认后	可参照“认识该检查人员”的迎检情况

即学即练

（1）将学生按 2 人一组分成若干组，每组分角色进行情景表演。

（2）每组自行编写剧本。其中，一人扮演餐服长，另一人扮演检查人员。餐服长在收到迎检通知后陪同检查人员进行餐吧检查。

（3）2 名学生轮流扮演餐服长。

任务实施 1——“摇转盘、秀风采”游戏

任务目的

通过做游戏的方式，让学生全面掌握本任务所学内容。

任务准备

（1）老师可根据表 3-15 中的内容，也可适当增加知识点，制作一个知识大转盘。

表 3-15 知识大转盘的内容

序 号	知识点	分 值
1	餐吧商品的销售流程是什么？	15
2	餐吧提供订送服务时要做好登记，主要登记哪些内容？	5
3	每站开车几分钟后，餐服人员方可推售货车下车厢进行商品销售？	3
4	相邻两次推售货车下车厢销售商品的时间间隔不应超过多少分钟？	3
5	在进行售货车商品销售时，必须做到几排一问？	3
6	在商品销售过程中，如果有旅客经过，餐服人员应该怎么做？	5
7	在商品销售过程中，如果遇到列车晃动过大的情况时，餐服人员应该怎么做？	5
8	说出 1 条餐服人员到车厢进行商品销售的宣传语	10
9	说出 2 条刺激旅客消费欲的服务用语	10
10	说出 2 条与旅客沟通以助其做出选择的服务用语	10

（2）全班学生分为 6 组，每组选出 1 名负责人，小组负责人带领组员复习本任务所学内容。此外，小组负责人还负责摇动转盘并维持组内秩序。

（3）摇动转盘的顺序如图 2-1 所示，即第 1 小组给第 2 小组摇动转盘，第 2 小组给第 3 小组摇动转盘，以此类推……若转到重复题则再转一次。

任务实施

（1）小组负责人组织组员回答由其他组摇出的问题，所得分数由老师评定。

（2）老师按表 3-16 给各小组进行打分，并统计各小组总得分。

（3）按照最终得分的高低对小组进行排名，可根据情况适当设置奖品。

表 3-16　活动评分表

小　组	答题得分	答题表述流畅情况（10 分）	小组成员协作情况（10 分）	其　他（10 分）	合　计
第 1 小组					
第 2 小组					
第 3 小组					
第 4 小组					
第 5 小组					
第 6 小组					

任务实施 2——模拟演练

任务目的

通过模拟演练高铁餐吧商品销售过程，让学生掌握商品销售的流程及技巧。

任务背景

背景 1：餐服员小张在让感兴趣的旅客试玩小火车模型时，突然听到一个小朋友大声地哭闹了起来。原来小张在给旅客分发试玩模型的过程中，一直没有顾及这个一再示意要试玩的小朋友，小朋友的家长何先生对此表示非常不满。

背景 2：午餐期间，旅客马女士带着小孙子前往餐吧就餐。由于正值饭点，餐吧里有众多就餐的旅客，祖孙二人站在餐吧门口许久，也迟迟不见有人招待。正当祖孙二人准备离开的时候，餐服员小沈注意到了被忽略的马女士和她的小孙子，于是，她立刻面带微笑地迎了上来。

任务准备

（1）将学生按 3 人一组分成若干组，每组分角色进行情景表演。

（2）各组成员需要进行以下准备工作。

① 从上述两个背景中选择一个，讨论其处理方案，目的是成功销售商品，最终使旅客满意。

② 根据活动背景及处理方案编写剧本。

任务实施

（1）各小组根据编写的剧本进行模拟表演。

（2）老师按表 3-17 给各小组进行打分。

（3）每个组员写出各自模拟表演的感悟，并填入表 3-17 中。

（4）老师按照最终得分的高低对小组进行排名，可根据情况适当设置奖品，并做活动总结。

表 3-17　活动评分表　　　　第　　组

评分标准	满　分	实际得分	备　注
剧情编排合理	20		
服务流程正确	25		
语言恰当	20		
建议合理	20		
小组配合密切	15		
合计	100		
模拟表演个人感悟	姓名：________		

任务 3.4 进行餐饮服务

任务引入——用心服务、用爱经营

高挑的身材、甜美的脸庞、亲切的笑容，举手投足间透着一股干练劲儿的小郭，是北京铁路局石家庄客运段高铁餐吧的一名餐服长，在北京西至贵阳北某列车上从事餐服工作。

京贵线单程 2 297 km，具有运行时间长、客流量大的特点。尤其是郑州东站至武汉站这一区间的一小时，是旅客用餐需求较为集中的一小时。为了能在“黄金一小时”的时间里尽量满足众多旅客的用餐需求，小郭潜心进行市场营销调研，通过分析每趟车、每个区间，甚至每个时段餐食的销售数据，来预测客流情况和用餐计划量，并提前 80 min 进行后台热餐，从而为进入“黄金一小时”做足准备。此外，小郭还带领班组摸索并总结出了“黄金一小时”工作法——“细、快、准”：细即详细分析旅客需求，快即快速准备，准即准确销售。

此外，在铁路深入践行温馨服务、提升服务质量的大背景下，小郭决定从服务细节入手，力求打造高品质、暖人心的餐饮服务。她留心观察了众多餐饮服务场所，发现很多餐厅为等餐的顾客免费提供各式各样的小零食，一来可以打发等餐时间，二来可以增加服务的贴心感。受到这个启发后，她也从市场上购买了一些精美的糖果和果盘，放在餐吧吧台上，供南来北往的旅客免费品尝。

一颗薄荷糖可以清新口气，一颗水果糖可以缓解旅途疲惫。小郭利用这一小妙招有效解决了旅客等餐时的无聊，提升了旅客对餐吧服务的认同感，由此也得到了广大旅客的一致好评。

想一想：

你知道高铁餐饮服务与普通餐厅餐饮服务有何异同吗？

（资料来源：中华铁道网 https://www.chnrailway.com/html/2016/12/1515859.shtml，有改动）

知识储备

高铁餐吧服务

本任务主要从餐吧餐饮服务、一等座餐饮服务、商务座餐饮服务及互联网订餐餐饮服务四方面介绍高铁餐饮服务相关内容。

3.4.1　餐吧餐饮服务

通常，餐吧餐饮服务工作主要包括十大服务流程，其具体内容及相应的要求、服务用语如表 3-18 所示。

表 3-18　餐吧十大服务流程及相应的要求、服务用语

服务流程	要　求	服务用语	图片示例
迎客	面带微笑，鞠躬致意	“先生/女士，早上/中午/晚上好！欢迎光临餐吧，这边请！”	
引导旅客就座	及时引导旅客就座，让旅客第一时间感到受重视	“先生/女士，您好！请问你们是几位呢？这边请/请将大件行李放这边，谢谢。”	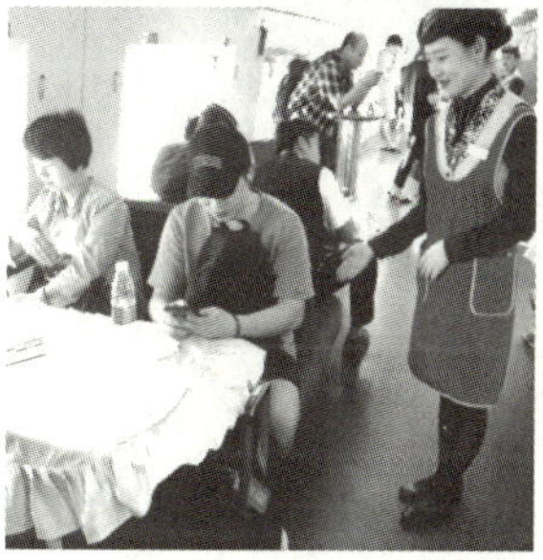
	旅客就座后，双手将餐品价目表递给旅客	“这是我们的餐品价目表，您先看一下，我稍后为您点餐。”	
点餐	按照先老后幼、先宾后主的顺序进行服务。向旅客推荐饮品和餐食（对饮品和餐食的种类要做到心中有数）	“先生/女士，早上/中午/晚上好，现在我可以为您点餐吗？您想吃点什么？”	
	咨询旅客的到站	“请问您是到哪站下车呢？我好替您安排，以便您有足够的用餐时间。”	
	核对订单，确认无误后收款、找零（做到唱收唱付）	“先生/女士，您好，这是您点的××和××，一共××元，收您××元，谢谢。这是找您的××元。请您稍等，马上为您安排送餐。”	

（续表）

服务流程	要　求	服务用语	图片示例
置盘	在置盘时，餐品必须摆放整齐，确保汉字商标朝向旅客，并根据旅客所点的餐食，配送相应的辅助用品，不得出现错配、乱配、少配等现象。例如，对于盒饭类的置盘，应将餐食盒饭摆放在托盘左边，套筷摆放在右边		
上餐食	按标准规范使用托盘上餐食。必要时，可询问旅客是否需要帮忙打开餐食	“先生/女士，这是您的××，请慢用，祝您用餐愉快！”	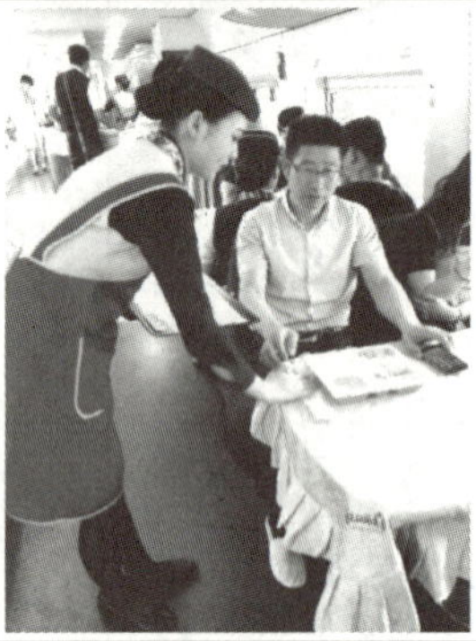
清理餐饮垃圾	及时收走旅客用餐后的餐饮垃圾	“先生/女士，我可以帮您收走吗？”	
二次销售	使用托盘进行销售	“先生/女士，我们这里有××地特产，您需要给您的亲朋好友带点吗？”	
		“先生/女士，离终点站还有一段时间，您是否需要一些零食来打发时间呢？”	

（续表）

服务流程	要　求	服务用语	图片示例
提醒旅客	到站前提醒旅客带好行李物品，不要将其遗落在列车上（如有旅客遗落，应立即交由列车长处理）	“先生/女士，列车快要到站了，请您收拾好随身携带的物品，以免遗落在列车上。”	
集体送客	列车到站后，餐吧餐服班组集体立岗送客	“谢谢，请慢走！”“谢谢，再见！”“谢谢，下次见！”或“祝您旅途愉快！”	
整理餐吧环境	（1）及时整理餐吧桌面、吧台卫生，保持餐吧卫生整洁 （2）整理、补充展示柜和售货车上的商品		

3.4.2　一等座餐饮服务

一等座提供“六个一”温馨服务，具体服务内容如下。

（1）为旅客配备一名 VIP 餐服员。

（2）为旅客提供一份报纸。

（3）为旅客沏一杯热茶或供应一杯饮料。

（4）为旅客提供一份特色点心。

（5）为旅客提供一条湿巾。

（6）为旅客提供一对一订送餐饮到位服务。

一等座温馨服务

“六个一”温馨服务项目中前 5 项均为免费服务，第 6 项只提供订送餐饮到位服务，但餐饮需要旅客自费。

1. 服务前的准备工作

列车始发开车 3 min 后，VIP 餐服员在车厢风挡处准备温馨服务物品，作业内容主要包括以下几项。

（1）将两至三包茶包放入一号水壶，并用开水进行冲泡。

（2）将二号水壶装满开水。

（3）将各品种饮料（一瓶）、特色点心置于专项服务车防倒架内。

（4）将一提一次性纸杯（不拆包装）放于专项服务车防倒架前排左手处。

2. “六个一”温馨服务

1）基本要求

做好准备工作后，列车长带领 VIP 餐服员前往车厢，进行温馨服务。服务要求如下。

（1）手推专项服务车进入车厢进行温馨服务时，必须面向旅客。

（2）从第一排开始依次向后，先请旅客出示车票，进行验票和登记票号，以及核对乘车区间，然后为每位旅客提供一杯茶水或饮料及其他“六个一”温馨服务物品。

（3）每隔 1 h 须为旅客续加饮品。

（4）中途及时补充专项服务车上的饮品，确保饮品摆放安全、便利、整齐、美观。

（5）在配送旅客另外点的餐品时，一定要唱收唱付，并根据旅客需要提供等额发票。

（6）就餐前 1 h，为每位旅客提供一对一订送餐饮到位服务。

（7）必须做到无干扰服务，即在补充服务时不要打扰到不需要服务的旅客。

（8）询问或回答旅客时应发音清晰、语气轻柔、使用文明服务用语。

（9）为旅客服务时，应做到微笑服务，与旅客有适当的语言和眼神交流，遇到旅客有需求时，应做到主动、热情、耐心、周到。

（10）在服务过程中，协助保洁员使用托盘及时清理旅客不需要的物品。

2）订餐服务要求

VIP 餐服员为旅客提供订餐服务时，应满足以下要求。

（1）进入车厢订餐时，若刚好面对旅客，则应左手拿订餐单和笔，右手叠放在左手之上，二者自然垂于腹前，保持标准站姿，然后面向旅客鞠躬致意。鞠躬完毕，开始进行订餐服务。

（2）进入车厢订餐时，若在旅客背后，则应左手拿订餐单和笔，右手叠放在左手之上，二者自然垂于腹前，先自然行走至车厢另一端，调整方向，面向旅客保持标准站姿，然后鞠躬致意。鞠躬完毕，开始进行订餐服务。

（3）询问每位旅客是否有订餐、送餐需求，并向旅客说明订送餐饮到位服务是免费的，餐饮是收费的。得到订餐旅客答复后，做好记录，记录的内容主要包括订餐时间、车

厢号、座位号、份数、餐食品种、送餐时间和特别需要等，复述记录情况并请旅客确认。

（4）在规定时间将餐食送至旅客手中。若在规定时间内不能送达，则应提前向旅客表示歉意，并重新确认送餐时间。

（5）在为旅客送餐后收款时，一定要唱收唱付，并根据旅客需要提供等额发票。

（1）将学生按 4 人一组分成若干组，每组分角色进行情景表演。

（2）每组自行编写剧本。其中，一人扮演 VIP 餐服员，为有不同订餐需求的三位旅客提供订送餐饮到位服务。

（3）4 名学生轮流扮演 VIP 餐服员。

3）饮品服务要求

VIP 餐服员为旅客提供饮品服务时，应做好以下工作。

（1）冲泡热饮时一定要小心，防止烫伤旅客。

（2）热饮须保持一定的温度，禁止为旅客提供“温吞水”。

温吞水是指未烧开的不冷不热的水。

（3）必须使用托盘端送饮品。

（4）递给旅客热饮时，应先协助旅客打开小桌板或请别的旅客协助打开小桌板，再将饮品放在专放饮品的凹槽处，并提醒旅客“小心烫”。

（5）在为旅客端送已点好的付费饮品时，一定要唱收唱付，并根据旅客需要提供等额发票。

（6）及时使用托盘收走旅客不需要的物品。

温馨小贴士

特等座只存在于部分动车组车型中，所提供的服务与一等座相同。对于未配有 VIP 餐服员的列车，一等座或特等座的“六个一”温馨服务由客运乘务组提供。其中，在订送餐饮到位服务中，餐吧餐服班组只需加热餐食并将其转交给客运乘务组乘务员即可，送餐服务由客运乘务组乘务员来完成。

3.4.3　商务座餐饮服务

商务座餐饮服务的服务流程如图 3-30 所示，商务座主要免费提供饮品、小食品、餐食、毛巾等服务。

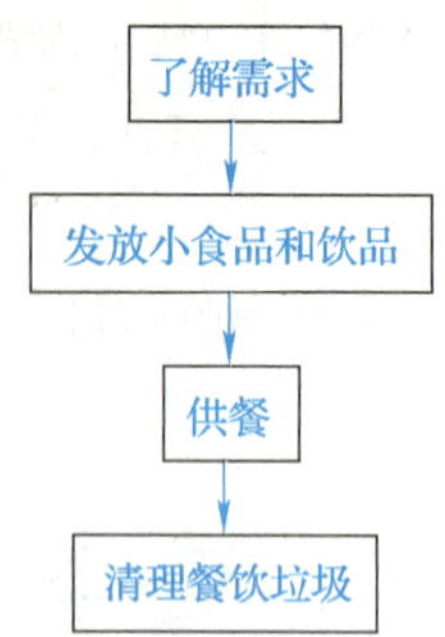

图 3-30　商务座餐饮服务的服务流程

商务座供应的饮品品种数不得少于 6 种，茶水应全程供应；非油炸类点心、蜜饯类、坚果类等无壳、无核、无皮、无骨的休闲食品品种数不得少于 6 种。若逢供餐时间，则应免费供应餐食。

1. 了解需求

（1）向旅客递送专项服务项目单。

（2）从列车运行前方开始依次向后征求旅客食用小食品和饮品的意见。

（3）得到答复后，做好登记，并告知旅客稍等。

（4）退出商务座区，通过对讲设备通知餐吧配送。

2. 发放小食品和饮品

（1）将小食品和饮品放入托盘。

（2）热饮拆袋，沸水冲开，水量大约到杯中 2/3 的位置。

（3）将小食品和饮品逐一发放至旅客手中。

3. 供餐

（1）开餐前 40 min，开始征求旅客用餐需求。

（2）得到答复后，做好记录，告知旅客约 30 min 后上餐。

为 8:00 前上车的旅客免费提供 1 份早餐；适逢 11:30～13:00 或 17:30～19:00，为旅客免费提供 1 份午餐或 1 份晚餐；优先提供给即将到站的旅客。

（3）提前 30 min 使用对讲设备通知餐吧加热相应餐食。

（4）餐食送达后，与餐服人员签字交接。

（5）从列车运行前方开始向后使用托盘依次将加热好的餐食发放给旅客。

温馨小贴士

（1）禁止出现餐食从旅客头顶上方掠过的情形。

（2）遇旅客协助递送餐食时，须及时向旅客致谢。

（3）遇老人、盲人或行动不便的特殊旅客，要主动征求旅客意见，是否需要帮忙打开餐饮具包装等。

（4）若旅客正在休息，则应在旅客醒来后第一时间为其提供餐饮服务。

（5）在送餐过程中，若旅客提出其他需求，则应尽可能及时满足其要求。若当时无法满足，则应记录旅客座位号，尽快为其提供帮助；若确实无法满足，则应委婉地向旅客说明原因，尽量取得旅客的谅解。

4. 清理餐饮垃圾

供餐 15 min 后，巡视车厢，清理餐饮垃圾。

温馨小贴士

对于未配有 VIP 餐服员的列车，商务座餐饮服务工作由客运乘务组承担。餐食供应由餐服长负责与客运乘务组对接。

餐吧餐服班组须提前与列车长做好沟通，了解当次列车商务座旅客入座情况。餐服长按照“一看、二闻、三检查”的流程，完成餐食加热后，将其交给客运乘务组乘务员，由客运乘务组乘务员完成送餐服务。

餐吧餐服班组还须做好商务座用餐情况卡控工作，严格遵循“一票一供”（即用餐时间给商务座旅客每人只免费提供一份餐食）原则，并协助客运乘务组登记商务座旅客信息及用餐情况。严禁出现信息登记不完整，字迹模糊难以识别，票、座不对应，一票多供等现象。

3.4.4　互联网订餐餐饮服务

互联网订餐是指旅客通过 12306 网站或 12306 手机 App 订餐。互联网订餐服务分为列车订单餐饮服务和外卖订单餐饮服务。

高铁上手机点餐

列车订单餐饮服务是指旅客通过网络购买餐吧现有的商品，由餐服员送至旅客座位的服务。

外卖订单餐饮服务是指旅客通过网络购买地面车站商家供应的商品，由外卖配送员取餐，送交给餐服员，再由餐服员送至旅客座位的服务。

1. 列车订单餐饮服务

列车订单餐饮服务流程分为列车配有和未配有订单查询终端设备两种情况，如图 3-31 所示。

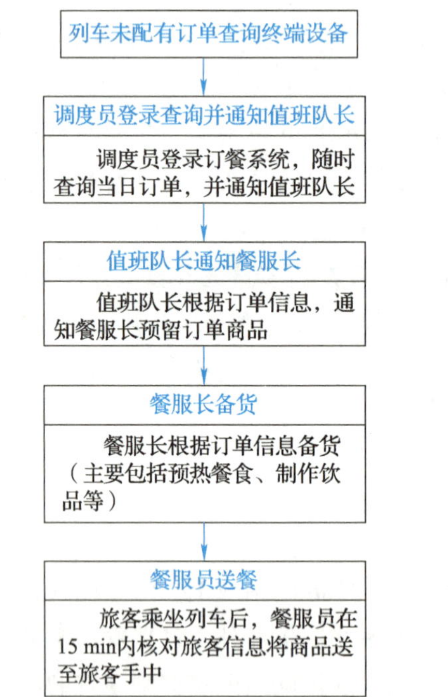

（a）列车配有订单查询终端设备的服务流程

（b）列车未配有订单查询终端设备的服务流程

图 3-31　列车订单餐饮服务流程

2. 外卖订单餐饮服务

外卖订单餐饮服务流程如图 3-32 所示。

商家配送

发车前40 min，商家将商品送至配送中心

↓

收餐员核对

收餐员确认完订单数量、制作时间、餐食温度后，分类存放，并与商家共同填写交接表

↓

外卖配送员配送

到站前10 min，外卖配送员到站台，准备与餐服员交接商品

↓

餐服员接餐

餐服员在列车到站前2 min到达规定车厢位置等候接餐。确认商品无误后，与外卖配送员共同在《站台配送交接本》上签字

↓

餐服员派发商品

餐服员在列车开车15 min内将商品送至旅客手中。在派发商品时，由餐吧向列车两端车厢派发，并使用规范服务用语与旅客核对信息："先生/女士，您好！请问您是通过12306平台订购了商品，对吗？我需要核对信息，麻烦您提供一下手机号码，并出示一下您的车票，谢谢！"

图3-32　外卖订单餐饮服务流程

互联网订餐餐饮服务意外情况处理方法

情况1：配送中心接收餐食时发现漏汁的情况。

处理方法：漏汁较轻、可接收时，在"××基地12306商家合作表现记录表"上进行情况记录；漏汁严重时要拒绝接收，拍照并将情况记录在"××基地12306商家合作表现记录表"上。

情况2：站台接收餐食时发现漏汁的情况。

处理方法：漏汁较轻、可接收时，在"配送交接表"上进行情况记录；漏汁严重时要拒绝接收，餐吧餐服班组拍照留样，并在"配送交接表"上进行情况记录。

情况3：配送员将餐食配错的情况。

处理方法：配送员告知餐吧餐服班组餐食配送错误，餐吧餐服班组使用手机拍照取证后，首先询问旅客能否接受此款餐食，若旅客不接受，则与旅客沟通是否可以更换列车上同等价位其他餐食，若旅客不同意更换，则应积极安抚旅客情绪，主动退款并真诚致歉（更换其他餐食的费用或退款金额由配送员支付）。

情况 4：旅客订餐已经配送上车但未找到旅客。

处理方法：餐服员须将餐食带回餐吧，由餐服长致电旅客。若旅客不在本次列车上，餐服长应将该订单标注为异常订单，并反馈到 12306 平台上。

任务实施——知识竞赛

任务目的

通过“以赛促学”，让学生全面掌握本任务所学内容。

任务实施

（1）从全班学生中选出 1 名学生作为主持人，将剩余学生分为 4 组，每组选出 1 名小组负责人。

（2）小组负责人带领组员复习本任务所学内容。

（3）主持人组织所有小组进行知识竞赛，竞赛题示例如表 3-19 所示。主持人进行随机提问，各小组抢答，每题满分为 5 分。

表 3-19　竞赛题示例

序　号	竞赛题	
1	餐吧餐饮服务	餐吧餐饮服务工作的十大服务流程分别是什么？
2		在为旅客提供点餐服务时，应满足哪些要求？
3		置盘有哪些要求？
4		用托盘为旅客上餐食时的服务用语是什么？
5		二次销售的服务用语是什么？
6	一等座餐饮服务	“六个一”温馨服务内容是什么？
7		列车始发开车 3 min 后，VIP 餐服员在车厢风挡处准备温馨服务物品，主要的作业内容有哪些？
8		应每隔多长时间为旅客续加饮品？
9		在就餐前 40 min 开始为每位旅客提供一对一订送餐饮到位服务，对吗？
10		当得到旅客订餐答复后，须做好记录，记录的内容主要有哪些？

（续表）

序　号	竞赛题	
11	商务座餐饮服务	简述商务座餐饮服务的服务流程
12		商务座提供的饮品品种数不得少于多少？休闲食品的品种数不得少于多少？
13		商务座的餐食是免费的吗？
14		从列车运行前方还是后方开始依次征求旅客食用小食品和饮品的意见？
15		应在开餐前多长时间开始征求旅客用餐需求？
16		说出3点为旅客发放餐食的禁忌
17		应在供餐多久后，巡视车厢，清理餐余垃圾？
18		获得旅客用餐需求后，须做好记录，记录的内容主要有哪些？
19	互联网订餐餐饮服务	若配有列车订单查询终端设备，列车订单餐饮服务流程是什么？
20		餐服员在列车到站前多长时间，要到车厢门口等候接餐？

（4）老师按表3-20给各小组进行打分，并统计各小组总得分。

（5）评选出小组第一名，可根据情况适当设置奖品。

表3-20　活动评分表

小　组	答题得分	答题表述流畅情况（10分）	小组成员协作情况（10分）	其　他（10分）	合　计
第1小组					
第2小组					
第3小组					
第4小组					

任务3.5　保障售后服务

任务引入——淘气的桂花鱼

某天晚上，某餐厅来了两桌顾客，一位实习服务员错将一桌顾客点的桂花鱼端到了另一桌上。当这桌顾客津津有味地品尝着桂花鱼时，点桂花鱼的那一桌顾客正为桂花鱼的迟迟未上而焦急，又见隔壁比自己晚来的顾客都已吃上，忍不住大声嚷着要找经理投诉。

这时，只见服务标兵小李首先带着实习服务员来到点桂花鱼的那桌顾客面前，温和地说道：“实在抱歉，让各位久等了！”而后又风趣地说：“不知今天的桂花鱼为什么这么淘气，跑到隔壁桌去了，害得你们久盼不到，都怪我们没看住，请接受我们真诚的道歉。请大家再耐心等待一会儿，我们让厨师尽快再做一条桂花鱼上来。”这桌顾客听了她的一席话，都情不自禁地笑了，很风趣地说：“下次可得看住喽，不能让它再跑了。”小李笑着回复道：“多谢各位了！”然后，他们马上又到另一桌顾客面前，满脸喜悦地说道：“恭喜各位，你们成了我们店的幸运之星，这条免费送给你们的桂花鱼将给你们带来无限好运！恭祝各位大吉大利！”这桌顾客听后大喜，马上又点了一瓶名酒助兴。

想一想：

餐厅服务标兵小李利用哪些技巧成功化解了此次投诉事件？这对高铁餐吧餐饮服务售后处理有何借鉴之处？你认为作为高铁餐吧餐服人员应掌握哪些处理旅客投诉的技巧？

知识储备

售后服务是指在商品出售以后所提供的各项服务活动。良好的售后服务能有效提升旅客的满意程度。本任务主要从退换货处理、投诉处理两方面来介绍高铁餐饮售后服务的内容。

3.5.1 退换货处理

当售出的商品出现食品外包装破损及漏气、食品变质等问题时，应按照如图 3-33 所示的流程进行退换货处理。

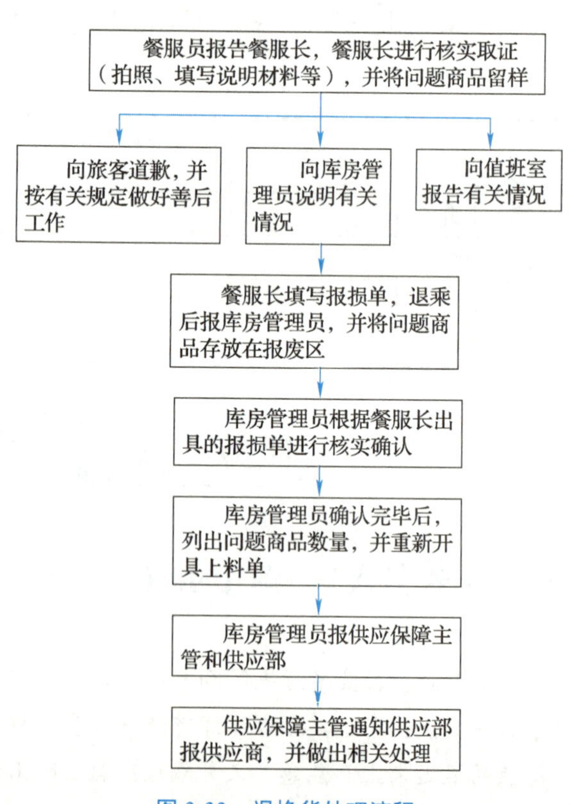

图 3-33　退换货处理流程

3.5.2 投诉处理

高铁餐吧服务的对象是不同职业、不同年龄、不同习惯的旅客。不同旅客对服务有不同的要求，再好的

服务也不能令所有旅客均感到满意。因此，在服务过程中遇到旅客投诉是在所难免的。餐服人员不要恐惧和厌恶投诉，而是要正确认识和看待投诉，这样才能更好地处理投诉，从而有效改进服务工作、提升服务质量。

1. 对待投诉的态度

餐服人员应以积极的态度欢迎旅客投诉、重视旅客投诉。

1）欢迎旅客投诉

对于服务行业而言，投诉未必是一件坏事。因为投诉可以暴露服务的薄弱环节，使服务人员或企业能更清楚地认识到自身的不足或发现服务漏洞，从而提升服务质量。正如美国商人马歇尔·费尔德所说："那些购买我产品的人是我的支持者；那些夸奖我产品的人使我高兴；那些向我埋怨的人是我的老师，他们纠正我的错误，让我得以进步；只有那些一走了之的人是伤我最深的人，他们不愿给我一丝机会。"因此，餐服人员应积极欢迎旅客投诉。

2）重视旅客投诉

旅客投诉具有一定的价值，它能帮助企业回顾和检查在服务过程中出现的问题，以促进企业不断改正不足、提升服务质量，从而吸引更多的旅客。因此，餐服人员要重视旅客投诉，并正确处理旅客投诉。

2. 旅客投诉的心理

旅客的投诉多种多样，有的符合情理，有的属于无理取闹。但无论投诉是否合理，旅客投诉的背后都是有心理诉求的，如有的是想要发泄，有的是寻求尊重，还有的是想要得到补偿。餐服人员要想正确处理投诉、消除旅客的不满，首先应正确认识旅客投诉的心理。

1）求发泄的心理

在接受服务的过程中，一些旅客遇到不满时，往往就会带着怒气投诉。如果他们能把自己的不满和怨气全部发泄出来，那么心理就会得到平衡，怒火也会得以平息。因此，对于这类旅客，餐服人员应耐心倾听旅客的抱怨，使旅客的怨气得以发泄。

2）求尊重的心理

在接受服务的过程中，当某方面服务未达到旅客的要求或一些现象让旅客感到不舒服、使旅客自尊受到伤害时（如被餐服人员冷漠对待），他们一般会通过投诉来寻求尊重。对于这类旅客，餐服人员应主动向旅客赔礼道歉，以满足旅客求尊重的心理。

3）求补偿的心理

在接受服务的过程中，如果由于餐服人员未履行相关承诺，旅客遭受物质损失或精神伤害，会想通过投诉的方式来获得一定的补偿。这也是一种正常且普遍的心理现象。对于这类旅客，餐服人员要及时进行物质补偿，并对旅客进行精神抚慰。

3. 投诉处理的原则

旅客投诉的情况千差万别，处理方法也不尽相同，但在处理投诉的过程中若能遵循以下几个原则，便可达到良好的效果。

1）旅客至上

餐服人员应尽量满足旅客的需求，多站在旅客的角度进行思考，相信旅客投诉总有他的理由，同时还要时刻抱有“一定是我们的工作没有做好”的观念。这样，餐服人员才能心平气和地面对旅客的投诉，理解旅客投诉的心情，从而更好地消除旅客的不满。

2）勇于承担责任

面对旅客的投诉，很多餐服人员为了避免处罚，常常会推卸责任。而这种做法恰恰会更加激怒旅客，使问题趋于复杂化，更加不利于投诉的处理。因此，在处理旅客投诉时，餐服人员首先要反思自己的不足，勇于承担责任，并主动向旅客道歉，这样才会使旅客心理得到平衡，促使问题得以解决。

3）先处理感情、后处理事情

大多数旅客投诉是情绪使然，如果旅客情绪能够得到发泄，精神能够获得抚慰，那么旅客投诉的问题就已解决一大半。因此，面对旅客投诉时，餐服人员应先安抚旅客的情绪，使旅客怒气平息后，再想办法解决其他问题。

故事驿站

美国有一家汽车修理厂，有一段时间生意一直不好，并且经常收到客户的投诉。一开始，老板以为是修理工技术不好，便花高价钱聘请了本市最好的修理工。然而一段时间过后，生意依旧平平，老板非常苦恼，于是亲自到修理厂进行观察。

一段时间后，他发现，修理工在修车时，总是埋头修理出毛病的汽车，从来不去关注车主的心情。有时车主心情不好，即使车修好了，也会抱怨、甚至投诉；而且，面对车主的不满，很多修理工也不会主动安抚车主。

针对这种情况，老板提出了一条服务宗旨——先安抚人，后修理车，即客户的车坏了，心情自然不好，员工应先关心客户糟糕的心情，然后再考虑汽车维修事宜。本着这样的服务宗旨，老板又总结出一条应对客户投诉的处理原则——先处理感情，后处理事情。在这样的经营理念下，这家修理厂的生意变得越来越好。

4）包容旅客

旅客的投诉多种多样，有的可能不合理。面对旅客不合理的投诉，餐服人员不要得理不饶人，直接指责旅客，令旅客难堪。因为这样做不仅不利于问题的解决，还有可能激化矛盾。这时，正确的做法是体谅并理解旅客，对于旅客的一些错误行为给予包容，对于旅客违反规定的行为，给予善意的提醒。

4. 投诉处理的技巧

在处理投诉的过程中，餐服人员会遇到形形色色的旅客。餐服人员除了要准确把握旅客投诉处理的基本原则外，还需要掌握一定的处理技巧，以便更好地应对各式各样的旅客投诉，从而改善服务质量。

1）用心倾听

面对旅客的抱怨和投诉，餐服人员要学会倾听，因为倾听不仅可以体现出对旅客的关注、尊重和关心，还能从旅客的倾诉中分析出旅客产生抱怨的真正原因，以便找到症结，进而拿出合理的解决方案。通常，餐服人员在认真倾听旅客抱怨时应注意以下几点。

（1）目光要注视旅客，并且表现出温和的神色，切勿在听旅客说话的时候目光投向别处或边听旅客说话边做别的事情。

（2）用嘴巴“倾听”，即在旅客倾诉的过程中，餐服人员要随声附和，如适时插入“我理解”“我明白”这样的话语，一方面表示自己在认真倾听，另一方面表示对旅客的重视与理解。

（3）用肢体“倾听”，即在旅客倾诉的过程中，餐服人员的肢体动作也要随时附和，如当旅客抱怨服务不好时，餐服人员点头示意，并随声附和：“嗯嗯，的确是我们的失误，实在抱歉。”

（4）俗话说：“好记性不如烂笔头。”在旅客抱怨时，餐服人员要随时记录，一方面可以作为处理问题留存的资料证据；另一方面用以表示对旅客的尊重，使旅客感到被重视。

故事驿站

美国著名主持人林克莱特有一天访问一名小朋友，问他：“你长大了想当什么呀？”小朋友天真地回答：“我要当飞机驾驶员！”林克莱特接着问：“如果有一天，你的飞机飞到太平洋上空，所有引擎都熄火了，你会怎么办？”小朋友想了想说：“我先告诉飞机上的人系好安全带，然后我挂上我的降落伞跳下去。”此时，现场的观众发出了一阵唏嘘声，认为这个孩子很自私，只顾自己。

而林克莱特继续注视着这孩子，问道：“为什么要这么做啊？”没想到，孩子的两行热泪夺眶而出，并说道：“我要去拿燃料，我还要回来！我还要回来救大家！”说到这里，现场一片安静，观众沉默了，被孩子的那份纯真和善良深深地感动着。

可以看出，这位主持人与观众的不同之处在于他能够让孩子把话说完，并且在现场观众发出鄙夷的声音时，却仍保持着倾听者应该具有的亲切、平和、耐心，这才听到了小朋友最善良、最纯真的内心话。可见，倾听是多么重要。

2）真诚道歉

当接到旅客投诉时，无论是否是自身的原因，餐服人员都要向旅客道歉，而且要真心实意地道歉，让旅客感受到自己诚恳的态度，切忌虚情假意、敷衍了事。

3）解决问题

在听完旅客投诉，弄清旅客投诉的原因后，餐服人员应立即为旅客解决问题，其流程如图 3-34 所示。

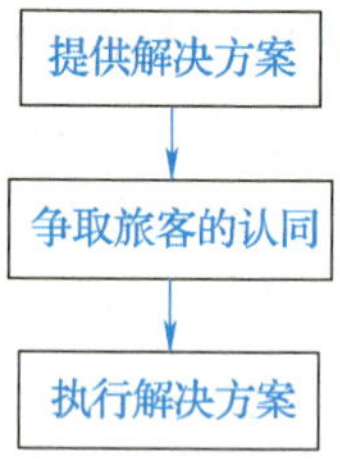

（1）提供解决方案。

提供解决方案时，应考虑以下两点。

① 掌握问题本质，分析投诉事件的严重性。

② 确定处理者的权限范围。有些旅客投诉可以由餐服人员立即处理，而有些则必须报给相关负责人进行处理。

图 3-34　解决旅客问题的流程

（2）争取旅客的认同。

餐服人员向旅客提出解决方案后，要真挚、诚恳地与其沟通，尽量使旅客同意解决方案。如果旅客不同意，餐服人员还应进一步了解旅客的需求和期望，以便做出改进。

（3）执行解决方案。

旅客同意解决方案后，餐服人员应马上执行、快速解决。如果提出的解决方案不能及时解决，餐服人员要坦诚地告诉旅客问题不能及时解决的原因，并随时跟旅客汇报问题处理的情况和进度，以便让旅客获悉问题正在处理中。

任务实施——模拟演练

任务目的

通过模拟演练餐服人员处理旅客投诉事件，让学生掌握正确处理旅客投诉事件的原则及技巧。

任务背景

时逢暑假，旅客任先生带着儿子乘坐高铁南下前往广州长隆水上乐园游玩。乘坐高铁时，到了饭点，父子二人便来到餐吧就餐。

餐服员小王热情招待了二人，并向他们推荐了餐食。任先生喝了一口小王推荐的啤酒，觉得口感和风味都不及以往在高铁上喝的同一品牌的啤酒，不禁皱起了眉头。此时，与其同行的儿子正被刚刚买来的“酱香味”鸭脖辣得泪流满面。任先生拿来一看，哪里是“酱香味”，包装袋上分明写着“麻辣味”。气急败坏的任先生便找小王开始“理论”。

任务准备

（1）将学生按 4 人一组分成若干组。

（2）各组根据以上背景，选择以下故事发展趋势之一继续编写剧本。

① 餐服员小王埋怨任先生吹毛求疵，双方互不相让，矛盾冲突持续增大，继而任先生找到餐服长进行投诉，最终由餐服长妥善处理了此次投诉事件。

② 餐服员小王及时用良好的服务态度和服务技巧安抚了任先生，最终使父子二人情绪平复。

③ 餐服员小王及时安抚任先生，但未成功，任先生仍要找餐服长投诉，最终由餐服长妥善处理了此次投诉事件。

任务实施

（1）各小组根据编写的剧本进行模拟表演。

（2）老师按表 3-21 给各小组进行打分。

（3）每个组员写出各自模拟表演的感悟，并填入表 3-21 中。

（4）老师按照最终得分的高低对小组进行排名，可根据情况适当设置奖品，并做活动总结。

表 3-21　活动评分表　　第　　组

评分标准	满　分	实际得分	备　注
剧情编排合理	20		
投诉处理正确	25		
语言恰当	20		
建议合理	20		
小组配合密切	15		
合计	100		
模拟表演个人感悟	姓名：________		

任务 3.6 进行工作交接

任务引入——三个数字的背后

列车长小张所在的某次列车于清晨 6 点 01 分从杭州东站发车，沿途经过义乌、金华、南昌、长沙、怀化、凯里等 19 个车站，并于当日下午 2 点 37 分到达贵阳北，全程 1 630 km，共运行 8 小时 36 分钟，之后再返回杭州东。

小张的这趟行程可以用三个数字来概括：16、23 360、550。

（1）16。

6 点 01 分，天还没亮，列车从杭州东站缓缓开出。由于发车时间太早，大部分旅客一上车便开始补觉，但对于小张来说，一天的工作才刚刚开始。

作为列车长，首先他要巡视一个来回，主要检查车厢内的行李是否摆放整齐，车内各种安全设施是否正常。这些看似都是小事，然而却件件关乎旅客乘车安全。

巡视过程中，他发现 10 号车厢内一件大旅行箱已经超出行李架边缘，“对不起打扰了，这是您的行李吗？它体积太大，放在这里容易掉下来，可以把它放到车厢两端的行李架上吗？”小张小声与一位四十多岁的男性旅客沟通着，征得旅客同意后，小张帮他把行李箱搬下来，并放到了车厢一端的行李架上。

巡视到隔壁的车厢时，他发现有几位旅客正趴在小桌板上休息。于是，他轻轻拍了拍他们：“不好意思打扰了，小桌板是用来放置茶杯和书籍等轻便物品的，如果您要休息，可以靠在座椅上，旁边的按钮可以调节靠背角度，躺起来会舒服一些。”

6 点 52 分，列车到达金华站。此时，小张刚好巡视完一趟——一共走了 16 节车厢，数次帮助旅客整理并搬运行李，检查了 70 只灭火器和 88 个安全锤的摆放状况。一系列动作完成后，小张来不及休息一下，马上又走到车门处准备迎接新的旅客。

（2）23 360。

从杭州东到贵阳北，再返回，这一趟下来，到杭州已是晚上 11 点 37 分。送走最后一位旅客后，小张和其他乘务员前往派班室退乘。下班走出单位时，小张的手机计步器显示，他总共走了 23 360 步。

（3）550。

一天工作结束后，小张躺在床上时已经是凌晨 2 点，但天没亮他又要起床，以旅客的身份踏上 6 点 41 分的高铁列车。这样，早上 10 点左右，他便能赶回 550 km 之外的安徽淮南老家，那里有他迫不及待想见的妻子和儿子。

想一想：

上述三个数字背后是列车长小张一天工作的体现。在前文中，我们也介绍过餐服人员动姐工作的一天。那么你知道结束一天的工作后，餐服人员应该如何进行工作交接吗？

（资料来源：钱江晚报 http://qjwb.thehour.cn/html/2017-01/24/content_3471709.htm?div=-1，有改动）

列车行程结束后，餐服班组应到派班室和库房进行工作交接。下面主要介绍餐吧餐服班组和库房地面保障组交接时所进行的工作内容。

3.6.1　餐吧餐服班组的工作内容

1. 准备工作

在进行工作交接前，餐服人员须做好表 3-22 所示的准备工作。

表 3-22　餐服人员须做好的准备工作

岗　位	作业内容
餐服长	（1）整理台账资料和账务，填写“餐服人员出乘工作报告”“餐服班组经营报告” （2）与列车长对接，由列车长填写“餐服人员出乘工作报告”中的“列车长考核及评语内容”
VIP 餐服员	（1）在列车到达终点站前最后一个区间，最后一次为旅客续加饮品，然后将备品及剩余商品推回餐吧 （2）清点“六个一”温馨服务物品 （3）填写“高铁商务座、特等座、一等座‘六个一’温馨服务人数统计表”和“高铁商务座旅客供餐服务统计表”，并由列车长、餐服长签字确认
餐服员	列车到达终点站前 40 min，清点剩余商品及备品，并将所有物品归类、整理、装箱

2. 工作交接

列车到达终点站后，餐服员协助库房地面保障组配送员迅速卸下退库商品，餐服长与 VIP 餐服员前往库房和派班室与相关工作人员进行交接，交接内容及标准如表 3-23 所示。

表 3-23　交接内容及标准

岗　位	交接内容	标　准
餐服长	与配送员交接客运温馨服务箱，并签字	交接清楚、准确
	办理退库交接	
	完成派班室的交班工作	

（续表）

岗　位	交接内容	标　准
餐服长	提交“餐服人员出乘工作报告”“餐服班组经营报告”及《餐饮服务许可证》《食品流通许可证》	报告准确，汇报清晰，账目清楚
	汇报当趟列车餐吧工作	
	提交当趟列车餐吧营业款	
VIP 餐服员	到库房办理退库交接	按项交接，互相签字
	到派班室交班，提交“高铁商务座、特等座、一等座‘六个一’温馨服务人数统计表”和“高铁商务座旅客供餐服务统计表”	表格清楚、准确

3.6.2　库房地面保障组的工作内容

1. 准备工作

上站台前，检查平板车刹车、拉杆、防撞条是否损坏，是否有允许上站台作业的标识等。

2. 进站接车

提前 20 min 将平板车运至站台，踩下刹车并扶车，在站台指定位置立岗等待列车进站。

3. 站台回收

（1）待列车停稳、旅客下车完毕后，上车将商品搬到平板车上。

（2）搬运商品时，由专人看护平板车，如图 3-35 所示。

（3）商品装载完毕后，须使用安全防护网罩进行固定。

图 3-35　专人看护平板车

4. 列队返回

作业完成后，由库房地面保障组组长统一组织配送员一人护送一车，列队按规定路线返回库房。

5. 清点核对

（1）餐服长安排一名餐服员与配送员核对退库商品的数量。清点退库商品时，由配送员清点，餐服员监督。

（2）核对回收商品数量无误后，由配送员及地面保障组组长共同签字确认。

6. 清洁整理

（1）对清点完毕的商品按车次定位摆放。

（2）所有车次的商品全部回收完毕后，整理库房并打扫卫生。

任务实施——“摇转盘、秀风采”游戏

任务目的

通过做游戏的方式，让学生全面掌握本任务所学内容。

任务准备

（1）老师可根据表 3-24 中的内容，也可适当增加知识点，制作一个知识大转盘。

表 3-24　知识大转盘的内容

序　号	知识点	分　值
1	VIP 餐服员最后一次为旅客续加饮品是在什么时候？	3
2	VIP 餐服员清点完“六个一”温馨服务物品后，需要填写哪两个文件？	5
3	餐服员进行剩余商品及备品的清点工作，是在什么时候？	5
4	谁负责整理台账资料和账务？	5
5	谁负责填写“餐服人员出乘工作报告”中的“列车长考核及评语内容”？	5
6	是由餐服员填写“餐服班组经营报告”吗？	3
7	谁与配送员交接客运温馨服务箱？交接的标准是什么？	10
8	餐服长在进行工作交接时都需要提交哪些文件？《餐饮服务许可证》《食品流通许可证》等证件需要提交吗？	10
9	VIP 餐服员到派班室交班时，需要提交哪些文件？	5
10	VIP 餐服员到库房办理退库交接的标准是什么？	5
11	库房地面保障组应提前多长时间将平板车运至站台，然后等待回收退库商品？	3
12	上站台前，地面保障组应对平板车进行哪些项目的检查？	5

（2）全班学生分为 6 组，每组选出 1 名负责人，小组负责人带领组员复习本任务所学内容。此外，小组负责人还负责摇动转盘并维持组内秩序。

（3）摇动转盘的顺序如图 2-1 所示，即第 1 小组给第 2 小组摇动转盘，第 2 小组给第 3 小组摇动转盘，以此类推……若转到重复题则再转一次。

任务实施

（1）小组负责人组织组员回答由其他组摇出的问题，所得分数由老师评定。

（2）老师按表 3-25 给各小组进行打分，并统计各小组总得分。

（3）按照最终得分的高低对小组进行排名，可根据情况适当设置奖品。

表 3-25　活动评分表

小　组	答题得分	答题表述流畅情况（10 分）	小组成员协作情况（10 分）	其　他（10 分）	合　计
第 1 小组					
第 2 小组					
第 3 小组					
第 4 小组					
第 5 小组					
第 6 小组					

任务 3.7　了解餐吧作业流程标准

任务引入——餐服长视角下的津港首发车

2019 年 7 月 10 日 9:58，复兴号 G305 次列车从天津西站缓缓驶出，向着它的终点——香港西九龙火车站进发。10 小时后，这趟首发列车准时停在了香港西九龙火车站。把车上所有旅客安全送到目的地后，首发列车的全体餐服人员便开始整理餐吧、清点货物、彻底清扫餐吧的卫生，为 11 日返回天津做好准备工作。

小岳是此次列车的餐服长，从 2011 年参加工作以来，她一直从事列车的餐服工作。“非常幸运能成为这趟高铁列车的一名服务人员，虽然很累，但是感到非常光荣。”她眼含笑意地说道。

小岳表示，从天津到香港这趟列车工作强度很大。每天销售盒饭的固定时间为上午 11:30 左右和下午 5:30 左右，但是除去这些时间，其他时间要推着售货车下车厢，为旅客提供饮料和休闲食品等，一圈下来大概需要半个小时，有时甚至一小时要走三圈。

“我们是 10 日 21:02 到达香港西九龙车站的，由于工作原因，都没来得及拍张照片。”小岳不无遗憾地感叹道。列车停靠到香港西九龙车站后，她和其他同事要一边清点货物，一边做餐吧卫生，等到他们全部忙完了，已经接近集体返回广州南公寓休息的时间了。

对于这趟首发列车的餐服人员来说，到了香港，虽然无暇在当地逛一逛，略感遗憾，但是能把旅客安全、准时地送到目的地，他们仍然觉得自豪而光荣。

2019 年 7 月 11 日早上，餐服长小岳带领同车的其他同事从广州南火车站乘坐高铁列车返回了香港西九龙车站。在完成始发站整备作业后，他们迎来了首批从香港乘车返津的旅客。在途中，她和另一名同事分工协作，一人推着售货车在车厢为旅客服务，一人在餐吧为旅客服务，就这样直到列车顺利抵达天津西站。至此，他们也结束了两天一夜的工作。

想一想：

你知道 G305 次过夜列车（指次日才返回始发站的列车）在香港西九龙火车站（折返站）入库前，餐服人员要做好哪些工作吗？他们会如何处理剩余的冷链餐食？

（资料来源：中计联网 www.zhongjilian.com/tianjin/2019/07-12/62191_0.html，有改动）

知识储备

高铁餐吧作业流程一般包括出乘前准备作业、始发站整备作业、运行中作业、折返站作业和终到站作业，如图 3-36 所示。

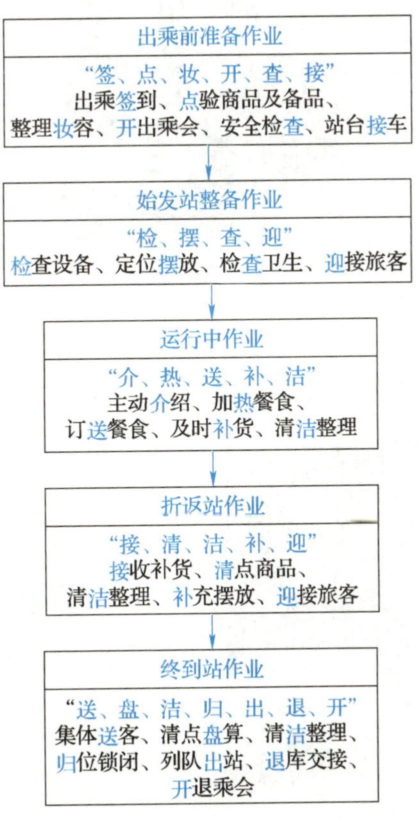

图 3-36 高铁餐吧作业流程

下面以 CRH380AL 型动车组为例，详细讲解高铁餐吧作业流程标准。

3.7.1 出乘前准备作业

出乘前准备作业

1. 出乘签到

（1）餐服人员按照规定的时间准时到达值班（派班）室，签到、请示工作，了解本趟列车的工作重点及要求。

（2）餐服长请领当趟列车的“餐服人员出乘工作报告”“餐服班组经营报告”“高铁商务座、特等座、一等座‘六个一’温馨服务人数统计表”“高铁商务座旅客供餐服务统计表”和相关出乘台账，以及《餐饮服务许可证》《食品流通许可证》，备好零钱，领取钥匙、对讲机、手持终端机等，并做好登记，如图 3-37 所示。

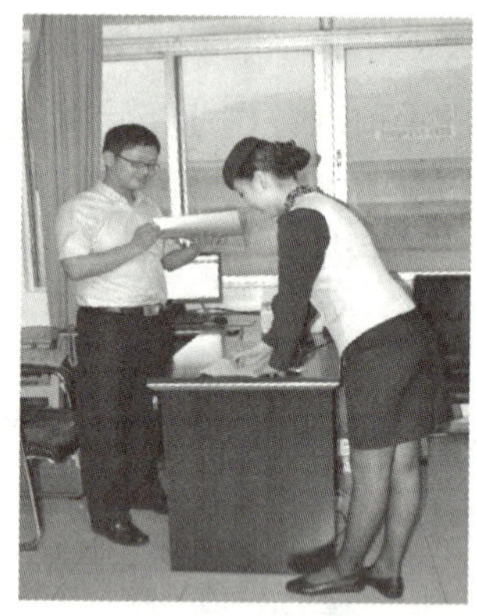

图 3-37　出乘签到

2. 点验商品及备品

根据配发单进行商品及备品的请领、点验工作，如图 3-38 所示。

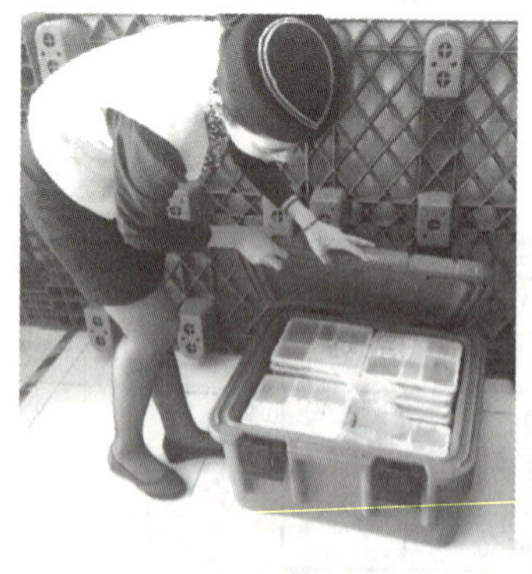

点验商品及备品

图 3-38　点验商品及备品

如遇特殊情况需要临时补充商品及备品时，必须在发车前 1 h 提报计划。

3. 整理仪容和装备

整理餐服人员着装、仪容、仪表，并检查对讲机、耳机等出乘用品性能，如图 3-39 所示。

4. 开出乘会

（1）餐服长组织餐服班组召开出乘会，布置当趟餐服计划、学习有关文件和业务知识，并结合当趟餐服计划的重点内容对餐服员进行提问，如图 3-40 所示。

图 3-39　整理仪容和装备

图 3-40　开出乘会

（2）餐服长收集并保管餐服员的手机，上车后交由列车长统一保管（因餐服长需要做好加餐、任务接收等工作，故不必将手机交给列车长）。

5. 安全检查

全体餐服人员接受安检，人过安检门，包过安检机，列队上站台，准备接车。

6. 站台接车

（1）列车始发前 1 h，全体餐服人员列队到达站台，在指定位置、距站台盲道内沿 2 m 处列队。

（2）按照餐服长、餐服员、VIP 餐服员的顺序，列横队站立，保持标准站姿，乘务箱统一放在右手边，摆放整齐，如图 3-41 所示。

（3）列车进站时，全体餐服人员行注目礼。

（4）列车停稳后，餐服人员列纵队从 10 号车厢车门处上车。

图 3-41　列队接车

（5）与配送员交接商品，签字确认。

3.7.2 始发站整备作业

餐服人员上车，将乘务箱（着冬装时，先将大衣放在乘务箱里）定位存放后，开始整备作业。

1. 检查设备

餐服长与一号餐服员分别负责不同设备的检查，二者的检查内容如表 3-26 所示。

表 3-26 餐服人员的检查内容

岗 位	检查内容
餐服长	接通电源，查看微波炉、咖啡机、电茶炉、冷藏柜、展示柜等电器设备状态是否良好
一号餐服员	协助配送员把商品送上列车后，检查售货车的使用性能是否良好

2. 定位摆放

将货物按摆放标准进行定位摆放，每人的负责项目如表 3-27 所示。

表 3-27 餐服人员负责定位摆放的项目

岗 位	负责项目
餐服长	备品定型定位、陈列柜商品的摆放
一号餐服员	售货车商品的摆放
二号餐服员	协助餐服长作业，并将商品分类放进冷藏柜、储藏柜
VIP 餐服员	找列车长报到后，及时将“六个一”温馨服务物品装入专项服务车（物品摆放标准见表 3-28），并将专项服务车定位停放在 2 号车厢与 3 号车厢风挡靠客室侧板壁处（站台另一侧），避免堵塞车门、通道

表 3-28 高铁列车专项服务车物品的摆放标准

物品品种	摆放标准
饮品	前部防倒架内摆放各种饮料一瓶，汉字商标朝向旅客；防倒架内前排左手处摆放一次性纸杯一提，不拆包装倒放；中部紧挨防倒架摆放两个水壶，壶嘴朝内、壶把朝外
食品	专项服务车上部用两个托盘分出上下两层，上层托盘用于放置备用茶包、统计表、记录本、笔、清洁布等，下层摆放盒装特色点心；专项服务车下部摆放适量盒装特色点心及各种饮料，瓶盖向外倒放，还可适量放置一次性纸杯

3. 检查卫生

餐服长与 VIP 餐服员进行卫生检查，各自负责的卫生项目如表 3-29 所示。

表 3-29　餐服人员负责检查的卫生项目

岗　位	卫生项目
餐服长	检查餐吧墙板、地面、操作台、吧台、冷藏柜内外、售货车、座椅、窗台、垃圾箱等处的卫生
VIP 餐服员	检查负责车厢的门口、地面、座椅及小桌、电视显示屏、墙板、窗台，以及厕所门把手、照面镜、洗手池、厕所地面、厕所墙板、坐便器等处的卫生

在检查过程中，若发现卫生不达标应及时告知列车长，并先行采取补救措施。

4. 迎接旅客

餐服人员在指定位置立岗（见表 3-30），做好迎接旅客的准备（如其他整备作业未完成，可先继续进行其他整备作业，由二号餐服员引导、安排需要用餐的旅客就座）。

表 3-30　餐服人员的立岗位置及要求

岗　位	立岗位置及要求
餐服长	在吧台内立岗
一号和二号餐服员	在 1 号和 2 号餐桌长座椅靠背中间前面，面向站台立岗
三号餐服员	在 11 号车厢风挡处，面向站台立岗
VIP 餐服员	在 2 号车厢与 3 号车厢专项服务车旁，面向站台立岗

餐服人员在迎接旅客时要面带微笑行鞠躬礼（30°），使用欢迎词，指引、协助旅客上车，具体要求如下。

（1）站姿：女餐服员双脚并拢，左脚脚跟靠在右脚内侧，角度为 30°，双手交叉相握，右手在上，左手在下，左手拇指根部微贴肚脐眼位置；男餐服员双脚分开与肩同宽，脚尖略向外，双手放在身后，右手半握拳，左手握住右手腕。

（2）鞠躬：身体向前倾斜，腰向下弯，头、颈、背自然呈一条直线。直起上身时动作要缓慢，视线随身体移动。

（3）手势：为旅客指引方位时，应五指并拢，身体随手指引的方向自然转动，目光与所指方向一致。

（4）微笑：嘴唇微启，自然露出上排 6～8 颗牙齿，态度要真诚、有亲和力。

3.7.3　运行中作业

1. 主动介绍

（1）旅客进入餐吧后，主动招呼旅客，并积极介绍列车供应的餐食品种，如图 3-42 所示。

（2）列车发车后，及时推车售卖商品。售货车上配热水壶，为有需求的旅客提供送、补水服务。

（3）销售时，核对旅客所点商品的名称、数量、价格，收款时做到唱收唱付。

2. 加热餐食

加热餐食时，严格按照微波炉安全操作要求进行加热，确保加热后餐食的中心温度不低于 70℃，如图 3-43 所示。

图 3-42　介绍列车供应的餐食品种

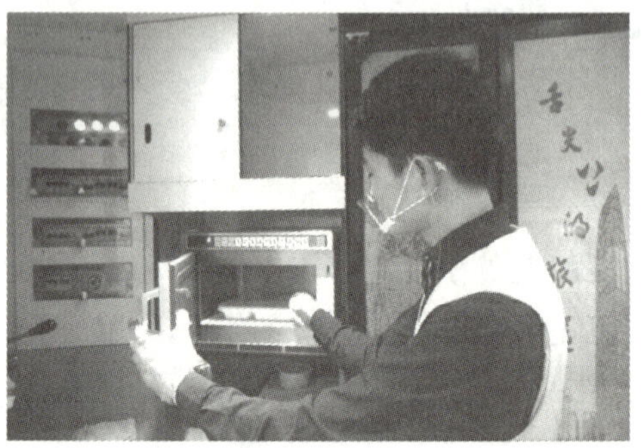

图 3-43　加热餐食

加热好的餐食需及时贴上预热标签并注明加热时间、储存条件、保质期、售卖时间。加热后在 60℃条件下保存的餐食，食用时限为 4 h；加热后在常温条件下保存的餐食，食用时限为 2 h。不得销售超过保质期、重复加热的餐食。

3. 订送餐食

（1）做好商品销售及旅客订送餐食服务。

（2）提供餐食前，应做好餐食售前自检，遵循“一看、二闻、三检查”的原则，防止将问题产品提供给旅客。

（3）时逢供餐时间，为商务座旅客免费供应餐食。

4. 及时补货

掌握商品销售和库存情况，及时与调度室联系补货，如图 3-44 所示。

5. 清洁整理

（1）进行餐吧卫生作业，确保地面、餐桌洁净且无油渍，车厢内无异味。

（2）旅客用餐完毕后，及时收走餐盒、饮料瓶、纸杯等餐饮垃圾（必须使用托盘），动作要轻柔，防止杂物泼洒溅漏。回收的餐饮垃圾要及时倒入废物箱内，并更换垃圾袋，

然后将准备投放的垃圾袋扎口。

3.7.4 折返站作业

1. 接收补货

按商品清单认真验货、检数、检质，签字确认，如图 3-45 所示。

图 3-44 与调度室联系补货

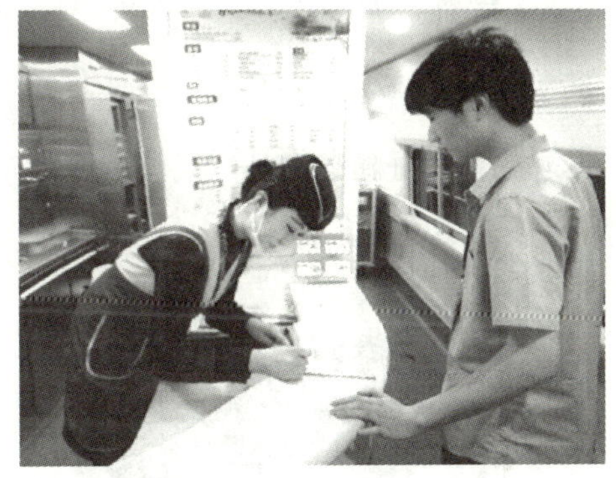

图 3-45 接收补货

温馨小贴士

若发现商品与商品清单不符时，应马上与配送员说明，并向调度室值班员核实商品。

2. 清点商品

清点列车商品。

3. 清洁整理

清洁餐吧卫生、清洁设备。

4. 补充摆放

补充展示柜、售货车的商品，为折返销售作业做准备，如图 3-46 所示。

5. 迎接旅客

整理仪容、仪表，迎接旅客。

温馨小贴士

以上是非过夜列车的折返站作业，对于过夜列车，在折返站入库前，餐服人员应做好以下工作。

（1）定位摆放、锁闭常温商品及备品，并填写相关报单。

（2）将餐吧所有电器设备开关全部归零并断电。

（3）所有冷链餐食根据相关要求进行报废处理。

（4）核对账目，清点现金和票据，并将其锁入柜中加以保存。

3.7.5 终到站作业

1. 集体送客

提醒旅客带好随身物品，集体送客，如图 3-47 所示。

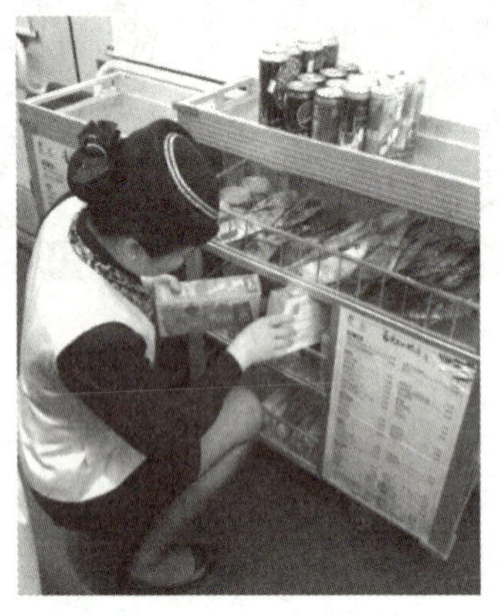

图 3-46 补充售货车商品

图 3-47 集体送客

2. 清点盘算

（1）VIP 餐服员清点“六个一”温馨服务物品，填写“高铁商务座、特等座、一等座‘六个一’温馨服务人数统计表”和“高铁商务座旅客供餐服务统计表”，并由列车长和餐服长签字确认。

（2）餐服员清点剩余的商品及备品，将过期商品及库存情况及时向餐服长报告。

（3）餐服长盘点本趟列车商品的剩余数量及备品的使用情况，如图 3-48 所示。

3. 清洁整理

（1）分工明确、互相配合地做好终到卫生清洁工作。

（2）巡视检查餐吧，若发现旅客遗落的物品要上交给列车长。

4. 归位锁闭

（1）定位摆放并锁闭常温商品及备品。

（2）将餐吧电器设备开关全部归零并断电。

（3）售货车定位摆放，踩下刹车。

（4）餐服人员协助配送员卸下退库物品。

5. 列队出站

由餐服长带队，全体餐服员统一列队出站，如图 3-49 所示。

图 3-48　餐服长进行清点盘算

图 3-49　列队出站

6. 退库交接

列车到达终点站后，餐服长和 VIP 餐服员进行签退作业，上交有关值乘用品，并做好剩余餐食和商品的退料、报单核对以及缴款等工作。

7. 开退乘会

（1）餐服员总结并汇报本趟工作任务完成情况及商品销售情况。

（2）餐服长总结商品销售情况、旅客服务意见、是否有新舆情及其他突发事件等。

任务实施——模拟演练

任务目的

通过模拟演练折返站作业，让学生掌握在折返站进行的作业内容、标准及要求。

任务描述

模拟某次列车进入折返站后，餐吧餐服人员按折返站作业标准及要求进行作业。

任务准备

（1）将学生分成若干组，每组 6～8 人，每组推选出 1 名小组负责人，作为本组模拟表演活动中的“餐服长”。

（2）小组准备活动所需道具（也可利用卡片代替）。

（3）小组内进行角色分配，角色有 VIP 餐服员、餐服员、配送员、旅客等。

（4）小组负责人带领组员复习高铁餐吧餐服人员在折返站所进行作业的标准及要求（包括过夜列车和非过夜列车两种情况，编写剧本并进行排练）。

任务实施

（1）各小组根据作业标准及要求对过夜列车与非过夜列车进入折返站这两种情况，进行餐吧餐服人员作业的模拟表演。

（2）老师按表 3-31 给各小组进行打分。

（3）每个组员写出各自模拟表演的感悟，并填入表 3-31 中。

（4）老师按照最终得分的高低对小组进行排名，可根据情况适当设置奖品，并做活动总结。

表 3-31　活动评分表　　第　　组

评分标准	满　分	实际得分	备　注
作业内容全面	25		
作业符合要求	25		
语言恰当	25		
小组配合密切	25		
合计	100		
模拟表演个人感悟	姓名：________		

项目综合演练

活动描述

活动名称："百般红紫共芳菲"——模拟演练。

活动形式：在小组负责人的组织下，组员间相互配合，模拟高铁餐吧餐服人员从出乘到终到（除折返站外）整个流程的作业项目及内容。

活动实施

1. 前期准备

（1）将学生分成若干组，每组10～15人。

（2）各组需要进行以下准备工作。

① 推选出1名小组负责人，作为本组表演中的"餐服长"。

② 小组内进行角色分配，角色有值班员、VIP餐服员、餐服员、商务座旅客、一等座旅客、二等座旅客等。

③ 小组负责人带领组员复习高铁餐吧餐服班组的作业流程及服务标准。

④ 每组自行设计剧情，模拟出乘前准备作业、始发站整备作业、运行中作业、终到站作业等情节。

⑤ 小组共同准备表演所需道具，可用纸板或其他物品代替。

2. 活动实施

1）出乘前准备作业

该流程必须包含以下演练要点。

（1）值班员点名派班时，餐服班组按照餐服长、餐服员、VIP餐服员的顺序，以标准站姿列横队站立。

（2）餐服长请领当趟列车的"餐服人员出乘工作报告""餐服班组经营报告""高铁商务座、特等座、一等座'六个一'温馨服务人数统计表""高铁商务座旅客供餐服务统计表"和相关出乘台账，以及《餐饮服务许可证》《食品流通许可证》。

（3）餐服长和VIP餐服员请领并点验商品及备品。

（4）餐服长根据当趟餐服计划的重点内容对餐服员进行提问。

（5）餐服员统一将手机上交给餐服长。

（6）在站台接车时，按照餐服长、餐服员的顺序，列横队站立，保持标准站姿，将乘务箱统一放在右手边，摆放整齐。

（7）列车进站时，全体行注目礼。

（8）列车停稳后，餐服人员列纵队上车，开始始发站整备作业。

2）始发站整备作业

该流程必须包含以下演练要点。

（1）餐服人员上车后，定位存放乘务箱。

（2）餐服长检查吧台内电器设备。

（3）VIP 餐服员将“六个一”温馨服务物品按照摆放标准摆放在专项服务车上。

（4）根据 CRH380AL 型动车组物品摆放标准，餐服人员完成物品的定位摆放。

（5）餐服长与 VIP 餐服员对各卫生项目进行检查。

3）运行中作业

自行设计服务剧情，表演必须包含以下要点。

（1）售货车商品销售服务。

（2）餐吧商品销售十大服务流程。

（3）一等座订送餐饮到位服务，并为旅客开发票。

（4）商务座供餐服务。

4）终到站作业

该流程必须包含以下演练要点。

（1）VIP 餐服员清点“六个一”温馨服务物品。

（2）餐服员清点剩余商品及备品，并将其进行归类、整理、装箱。

（3）餐服长盘点本趟列车商品的剩余数量及备品的使用情况，并填写“餐服人员出乘工作报告”和“餐服班组经营报告”。

（4）分工协作，做好终到卫生。

（5）餐服长和 VIP 餐服员到库房和派班室进行工作交接。

3. 活动总结

老师纠正学生演练过程中的不足之处，并做活动总结。

项目学习效果综合考核

1. 填空题

（1）用平板车装载商品时，应将商品摆放整齐，遵循“________________________”的原则。

（2）VIP 餐服员在核对温馨服务物品时，必须做到账物相符，保证物品的数量和质量达到要求。这些物品主要包括_________、_________、点心、湿巾、水壶、纸杯等。

（3）餐吧餐饮服务工作的十大服务流程分别为迎客、引导旅客就座、点餐、______、上餐食、清理餐饮垃圾、______________、提醒旅客、集体送客、整理餐吧环境。

（4）餐服人员在提供订送服务时应做好登记，登记内容主要包括旅客所在________、___________，预订餐品品种的数量、价钱、食用时间等。

（5）餐服人员应以积极的态度欢迎旅客投诉、_____________。

（6）餐服人员要想正确处理投诉、消除旅客的不满，首先应正确认识旅客投诉的心理。旅客投诉的心理主要包括求发泄的心理、________________、求补偿的心理。

（7）旅客投诉的情况千差万别，处理方法也不尽相同，但在处理投诉的过程中应遵循几个原则：__________________，勇于承担责任，先处理感情、后处理事情，包容旅客。

（8）在进行工作交接前，____________整理台账资料和账务，填写“餐服人员出乘工作报告”和“餐服班组经营报告”。

2. 选择题

（1）每站开车（　　）min 后，餐服人员需推售货车下车厢进行商品销售。

A. 5　　B. 3

C. 10　　D. 15

（2）餐服人员推售货车下车厢，推完一趟回餐吧后，应先理货、补充商品，然后再整理个人仪容、仪表，并确保与下趟下车厢的时间间隔不超过（　　）min。

A. 5　　B. 10

C. 15　　D. 20

（3）列车始发开车（　　）min 后，VIP 餐服员在车厢风挡处准备温馨服务物品。

A. 3　　B. 5

C. 15　　D. 20

（4）就餐前（　　），VIP 餐服员为每位旅客提供一对一订送餐饮到位服务。

A. 30 min　　B. 40 min

C. 45 min　　D. 1 h

3. 简答题

（1）配送员在配送商品时要严格遵守“四禁四须”，“四禁四须”的具体内容是什么？

（2）简述高铁餐吧商品及备品的摆放标准。

（3）简述高铁餐吧前厅卫生要求。

（4）餐服人员在进行商品销售时，有哪些商品介绍技巧？

（5）简述一等座“六个一”温馨服务内容。

项目 4　高铁餐吧突发事件的应急处置

高铁突发事件是指在高铁运营过程中，突然发生的对运输安全和运输生产秩序造成影响，可能导致人员伤亡、线路中断、财产损失等，而需要紧急采取应急处置措施予以应对的事件。

高铁餐吧里的常见突发事件有食物中毒、旅客烫伤和配送延误等。引发高铁餐吧突发事件的原因有很多，不同原因引发的突发事件所采取的应急处置措施也不尽相同。但应急处置必须以“提前预防、及时响应、尽量减少事故损失”为基准，坚持“安全第一、旅客至上”的原则。简单来讲，针对突发事件，要做好“防、控、救”三方面工作。

知识目标

（1）掌握发生食品质量问题、食物中毒的应急处置流程及内容。

（2）掌握发生旅客烫伤、撞伤的应急处置流程及内容。

（3）掌握发现疑似传染性疾病旅客的应急处置流程及内容。

（4）掌握发生列车晚点或自然灾害的应急处置流程及内容。

（5）掌握发生旅客投诉的应急处置流程及内容。

（6）掌握发生配送延误、物品掉落股道的应急处置流程及内容。

（7）掌握发生餐服人员漏乘的应急处置流程及内容。

能力目标

（1）在处理高铁餐吧突发事件时，能明确所在岗位应承担的责任。

（2）能快速反应、相互配合地完成高铁餐吧突发事件的应急处置。

任务 4.1 处理餐饮安全突发事件

任务引入——食物中毒事件敲响食品安全警钟

2020 年 3 月 24 日，贵州省锦屏县锦屏中学高三年级部分学生先后出现不同程度的发热、腹痛、腹泻等症状。截至 3 月 26 日 22 时，出现发热、腹痛、腹泻等症状的学生共 209 人，累计住院 199 人（已治愈出院 196 人，在院 3 人临床症状明显缓解），其余 10 人于 24 日在学校医务室进行观察，无症状后已于当日解除观察。

事件发生后，贵州省锦屏县委、县政府立即组织县教育科技局、县卫生健康局、县疾控中心、县市场监管局等部门第一时间赶赴锦屏中学开展救治与调查工作。此次事件也引起了贵州省省领导的高度重视，迅速派出专家组赶赴锦屏县开展诊疗与调查工作。经省专家会诊，出现症状的学生疑似患急性食物中毒性肠炎、胃肠炎。

经全面调查后，教育部体育卫生与艺术教育司司长王登峰进行了发言：因当地市政停水，故学校紧急启用了备用水源，即备用水井里的水。井水中大肠杆菌超标，导致了此次事件的发生。目前，锦屏县当地已启动倒查机制，追究相关负责人的责任。

想一想：

餐服人员要时刻紧绷“食品安全无小事”这根弦。如果在高铁餐吧运营过程中发现旅客疑似食物中毒，那么身为餐服人员的你应该怎么做？你知道在高铁上发生食物中毒事件的应急处置流程是怎样的吗？

（资料来源：中国医疗网 http://med.china.com.cn/content/pid/168454/tid/1026，有改动）

知识储备

本任务主要介绍发生食品质量问题，发生食物中毒，发生旅客烫伤、撞伤等突发事件应急处置的相关知识。

4.1.1 发生食品质量问题的应急处置

当发生食品质量问题（这里主要指食品变质、食品中存在污染性异物）时，需要餐吧餐服班组、基地、安监品控部（餐饮质量控制部门）、调度指挥中心、乘务营销部等部门相关人员，以及列车长、乘警、列车红十字救护员等共同进行应急处置。接下来我们主要介绍餐吧餐服班组、基地、安监品控部的应急处置流程。在本项目其他突发事件应急处置

的介绍中，也主要是介绍餐吧餐服班组的应急处置流程。

1. 餐吧餐服班组的应急处置流程

餐吧餐服班组应按照如图 4-1 所示的应急处置流程进行处理。

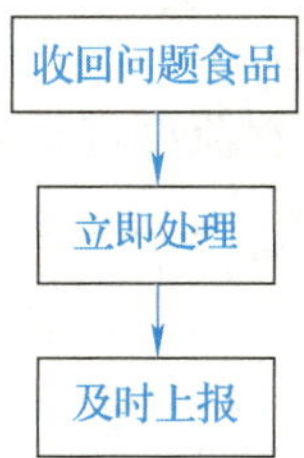

图 4-1　发生食品质量问题时餐吧餐服班组的应急处置流程

1）收回问题食品

餐服长应收回并按要求封存问题食品，同时将照片和视频反馈给调度指挥中心。

2）立即处理

餐服长应立即向旅客致歉，并询问旅客是否已食用该食品。

（1）未食用。

① 第一时间安抚旅客，主动提出更换食品或退款。

② 若旅客要求赔偿，则应在权限范围内使用营业款赔偿旅客，与旅客达成和解；若不能达成和解，在了解旅客需求后，将情况反馈至调度指挥中心，并等候指示。

温馨小贴士

若产生赔偿等费用，则应保留问题食品照片、旅客车票照片、旅客满意书、列车长旁证等信息，并上报至调度指挥中心。

（2）已食用。

① 真诚致歉并询问旅客身体状况。

② 报告列车长，在列车长的协助下对旅客进行紧急催吐，同时收集呕吐物样本，以备送交食品卫生监督部门进行检验。

③ 积极安抚旅客情绪，及时将现场情况上报至调度指挥中心。

④ 与旅客沟通协商，在权限范围内使用营业款赔偿旅客，与旅客达成和解。若不能达成和解，在了解旅客需求后，将情况反馈至调度指挥中心，并等候指示。

温馨小贴士

餐服长还应组织餐服员寻找列车上食用同类食品的旅客，询问其身体状况，若无问题，则请旅客协助出具相关证明。

3）及时上报

处理完毕后，将基本情况（日期、车次乘务组、事件经过及结果、旅客联系方式等）、赔偿凭证等信息上报至调度指挥中心。

2. 基地的应急处置流程

基地应按照如图 4-2 所示的应急处置流程进行处理。

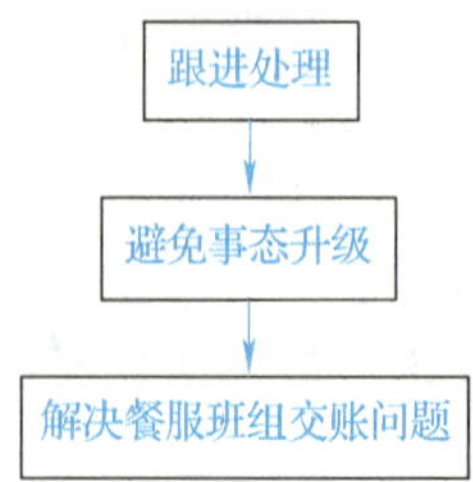

图 4-2　发生食品质量问题时基地的应急处置流程

1）跟进处理

随时了解列车上的情况，指导餐服人员进行处理。

2）避免事态升级

（1）做出初步判断后，向乘务营销部汇报事件情况，以便乘务营销部预判事件存在的舆情风险。

温馨小贴士

在与旅客协商过程中，乘务营销部要做好舆论监控工作，若发现该事件已发展为网络舆论，应及时向铁路集团、站车汇报，并根据指导意见拟订发言词。

（2）若需要餐服人员陪同旅客下车就医，则先由陪同人员垫付各项费用（保留费用支付有效凭证）。

3）解决餐服班组交账问题

指示餐服人员赔付旅客，基地经理填写借支单，并按照规定流程报销，解决餐服班组交账问题。

3. 安监品控部的应急处置流程

安监品控部应对旅客提出的产品问题给予食品安全方面的技术指导，并按照如图 4-3 所示的应急处置流程进行处理。

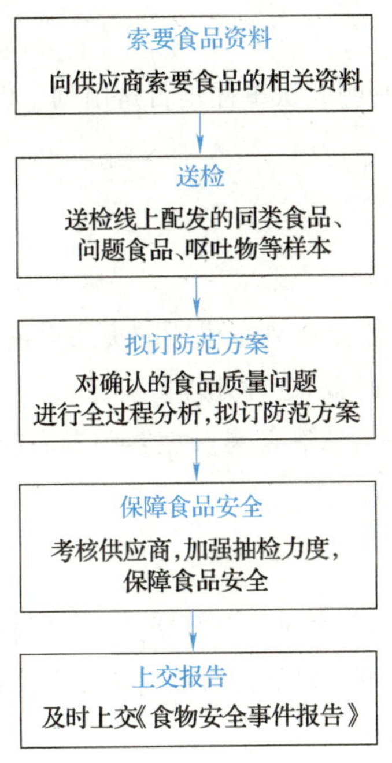

图 4-3　发生食品质量问题时安监品控部的应急处置流程

4.1.2　发生食物中毒的应急处置

当发生食物中毒事件时，餐吧餐服班组、基地及安监品控部应根据情况进行应急处置。其中，基地应指导餐服人员进行处理的同时组织人员接车并安排人员陪同旅客就医；安监品控部应严格按照“发生食品质量问题的应急处置”流程进行处理；餐吧餐服班组则按照如图 4-4 所示的应急处置流程进行处理。

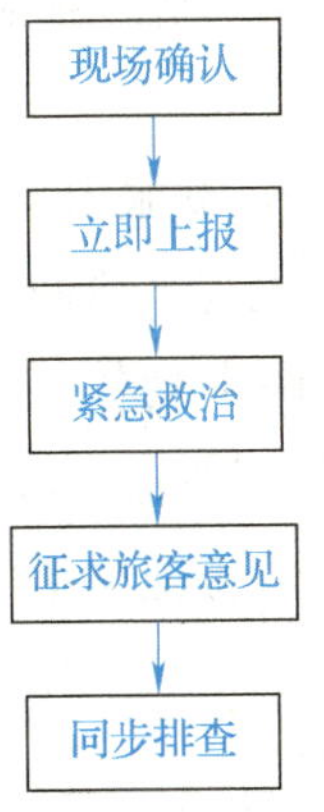

图 4-4　发生食物中毒时餐吧餐服班组的应急处置流程

1. 现场确认

餐服长应立即前往现场，判明此次事件是否是由列车供应的食品所致，同时进行录音取证。

2. 立即上报

餐服长应做好以下工作。

（1）若判明旅客食物中毒不是由列车供应的食品所致，则向旅客做好解释说明工作。同时报告列车长，按照列车长的指示进行处理。

（2）及时将中毒人数、中毒旅客信息及旅客中毒后的生理反应等情况上报至调度指挥中心。

3. 紧急救治

若判明旅客食物中毒是由列车供应的食品所致，餐服长应立即将现场情况上报至调度指挥中心，餐服员立即报告列车长，列车长通知列车红十字救护员赶到现场进行初级救护，再利用广播寻找医生帮助救治。

4. 征求旅客意见

餐服长真诚关心旅客，并征求旅客意见，询问是否需要下车就医。

1）需要就医

经过征求旅客意见，若需要就医，餐服长应做好以下工作。

（1）向列车长申请下车，陪同旅客到医院检查治疗。

（2）将医生的诊断结果向上级汇报。

（3）根据医疗费用单据为旅客先行支付医疗费用。

（4）对医院诊断单、医疗费用单据等进行拍照。

2）不需要就医

经过征求旅客意见，若不需要就医，餐服人员应做好以下工作。

（1）餐服长请经广播寻找到的医生写下诊断结果（主要包括旅客受伤程度、处理办法等内容）及医生个人信息（主要包括医生姓名、手机号码、单位名称、车票信息等内容）。

（2）餐服长留下旅客的联系方式，并将旅客情况、意见、录音等上报给基地队长。

（3）餐服员收集两位及以上旅客的旁证材料（主要包括时间、姓名、年龄、性别、手机号码、车票信息、证词等内容）。

5. 同步排查

餐服员寻找列车上食用同类食品的旅客，询问情况，若无问题，则请旅客协助出具相关证明。

4.1.3　发生旅客烫伤、撞伤的应急处置

当发生旅客烫伤、撞伤事件时，餐吧餐服班组和基地应根据情况进行应急处置。其中，基地应按照“发生食品质量问题的应急处置”流程进行处理，并在事件解决后与受伤旅客签订和解协议书；餐吧餐服班组则按照如图 4-5 所示的应急处置流程进行处理。

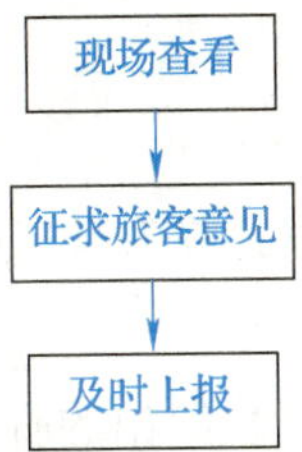

图 4-5　发生旅客烫伤、撞伤时餐吧餐服班组的应急处置流程

1. 现场查看

餐服长了解旅客受伤情况，真诚地向旅客道歉，并进行录音取证。

1）轻微创伤

在了解旅客所受伤害为轻微创伤时，餐服长须做好以下工作。

① 真诚致歉并进行伤口处理。

② 留下旅客的联系方式，并将旅客情况、受伤照片、录音等上报给基地队长。

③ 组织餐服员为旅客提供后续优质服务。

2）严重创伤

在了解旅客所受伤害为严重创伤时，餐服长须做好以下工作。

① 立即报告列车长，列车长通过广播寻找医生对旅客进行救治。

② 经旅客同意后，对旅客受伤的部位进行拍照。

2. 征求旅客意见

该流程严格按照“发生食物中毒的应急处置”流程进行。

3. 及时上报

餐服长及时将旅客受伤情况及事件处理情况上报至调度指挥中心。

任务实施——模拟演练

任务目的

通过模拟发生食物中毒的应急处置，使学生掌握该情况下列车上每个岗位该“做什么、怎么做”。

任务背景

某一天，一列高铁在运行途中，3 名同行旅客在餐吧吃了芽菜四季豆套餐以及香肠、鸡腿等熟食后，出现恶心、呕吐、头晕等症状。

任务准备

（1）将学生按 12～15 人为一组分成若干组，选出 1 名小组负责人。

（2）各组需要进行以下准备工作。

① 熟悉本任务实施“活动脚本”版块给出的脚本内容，结合所学知识，补充在处理食物中毒突发事件时，餐吧餐服班组应采取的应急处置，并根据完善后的脚本内容编写剧本。

② 小组负责人分配表演角色。表演角色主要包括餐服长、餐服员、基地队长、列车长、乘警、红十字救护员、车站工作人员、旅客、医生、调度员、疾控中心人员、公安人员等。

③ 小组共同准备表演所需道具，可用纸板或其他物品代替。

任务实施

（1）各小组根据编写的剧本进行模拟表演。

（2）老师按表 4-1 给各小组进行打分。

（3）每个组员写出各自模拟演练的感悟，并填入表 4-1 中。

（4）老师按照最终得分的高低对小组进行排名，可根据情况适当设置奖品，并做活动总结。

表 4-1　活动评分表　　　　第　　组

评分标准	满　分	实际得分	备　注
处置流程完善	20		
剧情编排合理	20		
小组配合密切	20		
演练流畅	20		
用语恰当	20		
合计	100		

（续表）

评分标准	满　分	实际得分	备　注
模拟表演个人感悟	姓名：________		

活动脚本

1. 发现情况并上报

（1）餐服员发现情况后，立即向餐服长报告，并为旅客提供清洁袋、漱口水等。

（2）餐服长得知情况后，立即向列车长报告。

（3）列车长立即向段调度室和前方车站报告。

2. 维持秩序

（1）列车长通知乘警到场维持秩序。

（2）列车长和乘警赶到现场了解情况。

3. 人员救治

（1）列车长通知列车红十字救护员赶到现场进行初级救护。

（2）列车长利用广播寻找医生。

（3）一名某医院的医生到达现场对病人进行诊断，并采取催吐等措施进行治疗。

4. 控制源头

（1）列车长通知餐服人员立即停止售卖列车食品，并追回已售出的可疑食品。

（2）列车长广播通知旅客禁止继续食用可疑食品。

5. 及时报告

（1）列车长与段调度室联系，请求在前方车站临时停车，请车站联系 120 急救人员到车站接 3 名食物中毒旅客入院救治。

（2）列车长向前方车站、疾控中心和段调度室报告旅客病情、医生诊断及治疗等情况。

6. 调查取证

（1）餐服人员做好稳定旅客情绪的工作，收集旅客食用的剩余可疑食品、呕吐物、排泄物等样品。

（2）餐服长协助乘警收集证据，将其交给列车长。

7. 站车交接

列车到达前方车站后，列车长向车站工作人员移交 3 名食物中毒旅客，并把封存的样品、证据及旅客携带物等一并移交车站。

8. 协助调查

餐服人员密切配合疾控中心和公安部门的工作，调查工作结束后对现场进行彻底清理。

任务 4.2 处理餐吧其他突发事件

任务引入——“战疫”阵地上的铁路疾控人

从 2020 年 1 月 23 日广东省启动重大突发公共卫生事件一级响应开始，广州铁路疾病预防控制中心（以下简称广铁疾控中心）第一时间吹响了新冠肺炎疫情阻击战集结号，很多正处在回家过年途中的职工主动放弃休假，火速返回工作岗位，全员迅速进入紧张“战时”状态。

（1）舍小家为大家。

小郭是广铁疾控中心防控现场组的一名医生。自疫情爆发以来，她主动“请战”，放弃春节休假，深入铁路一线开展点对点疫情防控知识培训与宣传。由于广铁站段点多线长，且较为分散，因此，她每天要奔向多个不同单位，为上千人做宣传、授技巧，常常累到声音嘶哑，总是忙到晚上十点以后才能回家。

（2）逆行除夕夜的年轻“老专家”。

面对来势汹汹的疫情，铁路现场消毒工作量巨大。为此，广铁疾控中心抽调出单位全部精力旺盛的青年组成了消毒组，让他们承担广东省内的列车和车站消毒工作，防止疫情通过铁路扩散和蔓延。

小姚正是消毒组里的一员。他从事消毒工作十余年，一直在一线作业，虽然年龄不大，但拥有丰富的现场经验，得到同事的一致认可，被亲切地称为“老专家”。他总说自己年轻，累点不算啥，每年春节他都主动承担任务最为繁重的列车和车站消毒工作。

2020 年春节，按照原计划，他本该和家人享受难得的团聚时光，但面对疫情的突袭，小姚再次对家人“爽约”了，他主动放弃了休假，毅然坚守在铁路抗疫第一线。

除夕夜，他又主动请缨承担任务最重的广州南站消毒工作，从晚上十点开始，他就背上 40 多斤重的消毒器械，穿梭在广州南站 48.5 万平方米的站场，步行 3 万多步踏遍了每个角落，一直忙碌到第二天凌晨四点才完成消毒作业。

自疫情爆发以来，繁忙的车站里、奔驰的列车上都留下了广铁疾控人忙碌的身影，他们穿着密不透风的防护服，带着护目镜，背着 40 多斤的消毒器械穿梭在南来北往的旅客中。虽然，口罩遮住了他们的面庞，汗水模糊了他们的双眼，但是却挡不住广铁疾控人的勇气与担当。正是由于这一群铁路疾控人在幕后的默默奉献，才使得铁路疫情防控得力，每位旅客才能安心乘车、放心出行。

想一想：

面对新冠肺炎疫情这场没有硝烟的战争，铁路疾控人用汗水和坚守诠释着铁路人的责任与担当。此外，餐服人员也用他们的实际行动构筑着抗疫防线，默默守护着旅客的健康，你看过哪些有关餐服人员在这场战争中的事迹报道？

（资料来源：信息时报 http://www.xxsb.com/content/2020-03/01/content_87924.html，有改动）

知识储备

本任务主要介绍发现疑似传染性疾病旅客，发生列车晚点或自然灾害、旅客投诉、配送延误、物品掉落股道、餐服人员漏乘等突发事件应急处置的相关知识。

4.2.1　发现疑似传染性疾病旅客的应急处置

通常，在列车上发现疑似传染性疾病旅客的应急处置流程如图 4-6 所示。

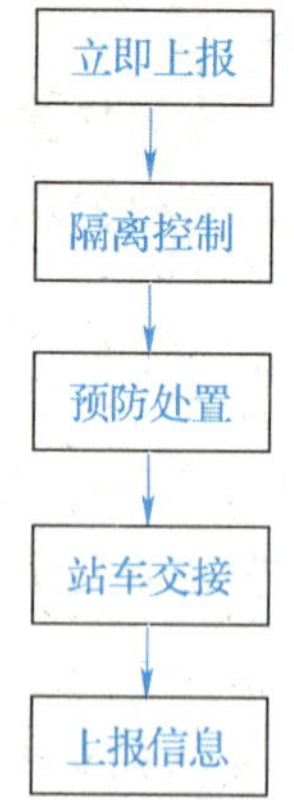

图 4-6　发现疑似传染性疾病旅客的应急处置流程

1. 立即上报

餐服长应立即报告给列车长，列车长应立即向段调度室和前方车站报告。报告内容主要包括日期、车次、时间、运行地点、患者和密切接触人员简况及旅行到站等。

2. 隔离控制

列车长利用乘务室、多功能室等独立空间将疑似传染性疾病旅客进行隔离，并登记密切接触者的信息，登记的内容主要包括姓名、性别、年龄、身份证号码、联系方式等。同时，封锁已经污染或可能污染的区域。

3. 预防处置

列车长利用相关备品，立即组织工作人员和旅客做好防护，避免扩大传染范围。同时，对污染车厢、隔离场所及可能污染的区域进行消毒处理。

4. 站车交接

餐服人员配合列车长在指定停车站将患者、密切接触者和其他需要跟踪观察的旅客及相关资料移交车站和铁路疾控中心。

列车到达车站后，由所在地铁路疾控中心对全列车进行消毒处理。

5. 上报信息

及时上报疫情处理情况。

推迟婚期，逆行战“疫”

在 2020 年 1 月新冠肺炎疫情爆发期间，从 22 日开始，连续 5 天，铁路疾控中心医师小侯马不停蹄地连续奔赴南宁、桂林、百色等地，组织并实施对相关车站和终到列车的消毒作业。作业时间最长的一次是在南宁东站进行的预防性消毒，那次从晚上八点半一直忙到了次日凌晨零点三十分，足足奋战了四个小时，当时，汗水把捂在防护服内的冬季作业服全部浸透了。

大年三十（2020 年 1 月 24 日）晚上，小侯的未婚妻打来了慰问电话。挂断未婚妻的电话后，平日里乐呵呵的“猴哥”却一个人躲在旁边默默地流着眼泪。原来，面对来势汹汹的疫情，贤淑的未婚妻不但体谅他工作的艰辛，而且还站在小侯的角度考虑婚期：提议将原定于春节后的婚礼往后推。小侯被未婚妻的这份包容与谅解感动得泪流满面。

（资料来源：腾讯新闻网 https://xw.qq.com/cmsid/20200129A0J8N500，有改动）

4.2.2 发生列车晚点或自然灾害的应急处置

当发生列车晚点或因地震、泥石流、暴风雪等自然灾害造成列车行车中断时，餐吧餐服班组应按照如图 4-7 所示的应急处置流程进行处理。

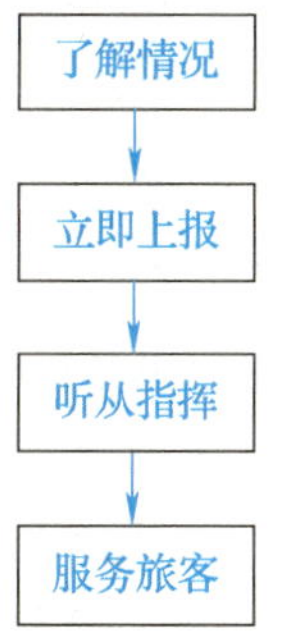

图 4-7　发生列车晚点或自然灾害时餐吧餐服班组的应急处置流程

1. 了解情况

餐服长迅速向列车长了解有关情况。

2. 立即上报

餐服长第一时间向基地队长汇报情况（主要包括车次、客流、旅客情绪、商品剩余量、需要提供的帮助等内容）。

3. 听从指挥

餐服长与列车长保持密切联系，及时汇报，听从指挥。

4. 服务旅客

（1）餐服人员做好解释安抚工作，稳定旅客情绪，礼貌回应旅客问题。

（2）餐服人员引导旅客有序排队购买商品，做好旅客服务工作。

餐服人员在销售商品时，要规范作业，严禁随意涨价，严禁隐瞒或捆绑销售。

4.2.3 发生旅客投诉的应急处置

下面主要介绍针对投诉平台接到旅客投诉时的应急处置，其流程如图 4-8 所示。

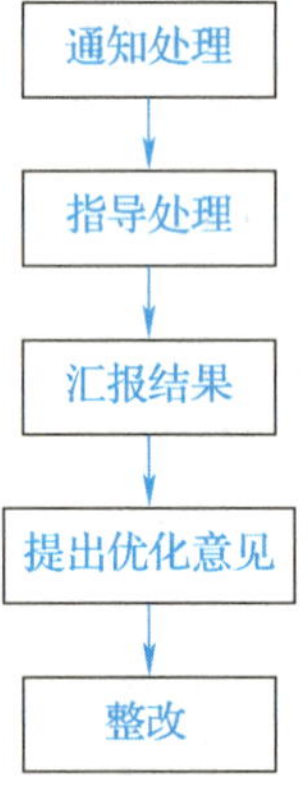

图 4-8 发生旅客投诉的应急处置流程

1. 通知处理

投诉平台接到旅客投诉时，乘务营销部（餐饮营销部门）根据发生旅客投诉的车次等信息，通知基地队长进行处理。

2. 指导处理

基地队长指导相应列车的餐吧餐服班组对投诉事件进行处理。餐吧餐服班组查明投诉原因，根据《舆论风险隐患处理办法》中对应的流程进行处理。

3. 汇报结果

基地进行旅客回访，并向乘务营销部汇报情况（主要包括事件是否属实、事件原因、处理结果等内容）。

4. 提出优化意见

（1）乘务营销部回复投诉平台，对基地管理、餐服人员培训等方面提出优化意见。

（2）分析各类投诉问题占比，加强重点问题的检查，拟订优化方案。

5. 整改

1）基地整改

（1）对餐服人员进行相应的培训与考核。

（2）加强对当事人的添乘检查。

2）餐吧餐服班组整改

（1）反思投诉事件，根据基地指导意见加强业务能力。

（2）提交《反思报告》（主要包括事件起因、过错总结、改正措施等内容）。

4.2.4 发生配送延误的应急处置

因供应商生产或配送途中发生意外等情况，导致餐食不能及时配送到列车上时，应按照如图 4-9 所示的应急处置流程进行处理。

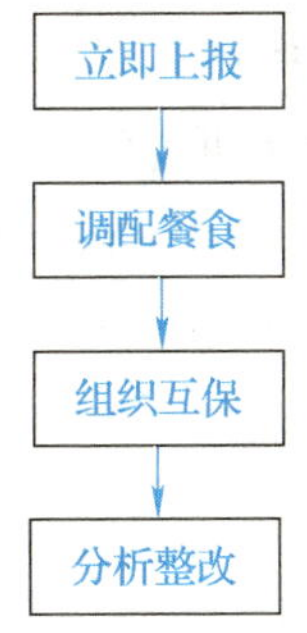

图 4-9 发生配送延误的应急处置流程

1. 立即上报

库房人员应立即上报至调度指挥中心。

2. 调配餐食

基地应加大应急食品（如面包、蛋糕等）的配发，同时掌握餐食的具体到达时间，调整受影响车次餐食的配发。

3. 组织互保

值班领导根据情况组织基地之间进行互保，即不同基地之间互相配合，保证彼此的餐食供应。

4. 分析整改

事故发生后，召开分析会议，并制订整改措施。

4.2.5 发生物品掉落股道的应急处置

站台作业时，若发生商品、闭合筐、平板车等物品掉落股道的情况时，餐服人员或配送员应立即通知站台客运员，严禁私自跳入股道拾捡，并按照如图 4-10 所示的应急处置流程进行处理。

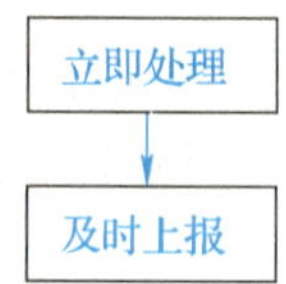

图 4-10　发生物品掉落股道的应急处置流程

1. 立即处理

1）若掉落物品危及行车安全

（1）立即协助站台客运员进行处理。

（2）若站台客运员距离较远不能立即赶到现场或站台无客运员，应立即前往站台前端高举双手比出交叉手势，示意司机停车，待站台客运员赶赴现场后，听从安排，妥善处理。

2）若掉落物品暂时不危及行车安全

听从站台客运员安排，妥善处理。

2. 及时上报

及时将现场情况上报至调度指挥中心。

4.2.6 发生餐服人员漏乘的应急处置

发生餐服人员漏乘时，应按照如图 4-11 所示的应急处置流程进行处理。

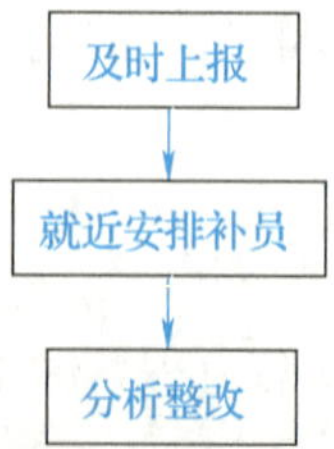

图 4-11　发生餐服人员漏乘时的应急处置流程

1. 及时上报

餐服人员或值班队长将漏乘车次、漏乘人员情况等信息及时上报至调度指挥中心。

2. 就近安排补员

基地立即确定是餐吧餐服班组整组漏乘还是个别成员漏乘，以及前方站点能否安排补员等情况。

1）个别漏乘

若为个别漏乘，则在前方站点安排补员，以保证旅客服务质量，避免事态扩大。

2）整组漏乘

若为整组漏乘，则在前方站点安排补员。若离前方站点距离过长或前方站点无法安排补员，则安排前方车次抽调人员来保障漏乘车次，避免车上全程无人值乘，进而造成恶劣影响。

3. 分析整改

事故发生后，开展调查，了解事故发生原因，召开分析会议，并制订整改措施。

头脑风暴

你认为有哪些情况可能导致漏乘事件的发生？应如何避免？

任务实施——模拟演练

任务目的

通过模拟演练因天降暴雨导致行车中断的应急处置，使学生掌握该情况下列车上每个岗位该“做什么、怎么做”。

任务背景

某一天，因天降暴雨，轨道被淹没，一列高铁列车行车被迫中断。

任务准备

（1）将学生按 12～15 人为一组分成若干组，选出 1 名小组负责人。

（2）各组需要进行以下准备工作。

① 熟悉本任务实施“活动脚本”版块给出的脚本内容，结合所学知识，补充在处理因自然灾害造成行车中断时，餐吧餐服班组应采取的应急处置，并根据完善后的脚本内容

编写剧本。

② 小组负责人分配表演角色。表演角色主要包括餐服长、餐服员、列车长、乘警、司机、乘务员、旅客、调度员等。

③ 小组共同准备表演所需道具，可用纸板或其他物品代替。

任务实施

（1）各小组根据编写的剧本进行模拟表演。

（2）老师按表 4-2 给各小组进行打分。

（3）每个组员写出各自模拟演练的感悟，并填入表 4-2 中。

（4）老师按照最终得分的高低对小组进行排名，可根据情况适当设置奖品，并做活动总结。

表 4-2 活动评分表 第 组

评分标准	满 分	实际得分	备 注
处置流程完善	20		
剧情编排合理	20		
小组配合密切	20		
演练流畅	20		
用语恰当	20		
合计	100		
模拟表演个人感悟	姓名：________		

活动脚本

1. 立即报告

（1）列车长向司机了解停车原因，并广播临时停车。

（2）列车长使用对讲设备告知乘务组停车原因，要求乘务员立即统计分管车厢内旅客及重点旅客情况，要求餐服长立即统计餐食及饮用水情况。

（3）列车长向调度室报告。

2. 解释安抚

（1）列车长广播致歉。

（2）列车长使用对讲设备通知乘务组做好解释工作，安抚旅客情绪，维护车内秩序。

（3）列车长检查确认应急备品的配备情况。

3. 启动应急预案

（1）列车长组织召开乘务组会议，并按会议内容和要求迅速启动应急预案。

（2）列车长请求支援，主要是饮用水、药品等物资。

（3）调度员通知列车长原地待命，保证旅客安全。

项目综合演练

活动描述

活动名称：“纠错小能手，演技大比拼”——模拟演练。

活动形式：全班学生分组，各组修改本项目综合演练“活动剧本”版块给出的剧本中出现的不合理的地方，并按照修改后的剧本进行模拟表演。

活动实施

1. 前期准备

（1）将学生按 20 人一组分成若干组，选出 1 名小组负责人。

（2）各组需要进行以下准备工作。

① 熟悉发现疑似传染性疾病旅客应急处置的流程及内容。

② 修改所给剧本的不合理之处。

③ 小组共同准备表演所需道具，可用纸板或其他物品代替。

④ 小组负责人分配表演角色。表演角色主要包括患病旅客、同车厢旅客、医生、1 区乘务员、2 区乘务员、餐服长、餐服员、乘警、列车长、司机、机械师、车站工作人员、调度员等。

2. 活动实施

（1）各小组根据修改后的剧本进行模拟表演。

（2）老师按表 4-3 给各小组进行打分。

（3）每个组员写出各自模拟表演的感悟，并填入表 4-3 中。

（4）老师按照最终得分的高低对小组进行排名，可根据情况适当设置奖品，并做活动总结。

表 4-3　活动评分表　　　　第　　组

评分标准	满　分	实际得分	备　注
修改正确	20		
处置流程完善	20		
剧情编排合理	20		
小组配合密切	20		
演练流畅	20		
合计	100		
模拟表演个人感悟	姓名：________		

3. 活动总结

老师纠正学生演练过程中的不足之处，并做活动总结。

活动剧本

1. 立即报告

2 区乘务员发现 6 车一名旅客手抵前额，一副很痛苦的样子。

您好女士，您怎么了？哪里不舒服吗？有同行人吗？

我一个人坐车，感觉发烧了，头有点痛，浑身肌肉酸痛，还想吐。

噢，我给您一个清洁袋，您可以往这里面吐。

2 区乘务员将清洁袋打开，递给旅客，然后快速走至车厢一端，利用对讲设备向列车长报告情况。

列车长，6车有一位单独乘车旅客发烧伴有咳嗽，还吐了。请您迅速赶到现场。

好的，我马上过来。

乘警，6车有位旅客发烧咳嗽，请立刻到乘务室穿好防护服、戴好口罩和手套前往现场。

明白。

您好女士，我给您倒了一杯温开水，您先喝一点。您别紧张，我已经把您的情况上报给列车长了，我会照顾好您的。

谢谢。

2. 查看情况

列车长广播寻找医务工作者。

女士们先生们请注意，女士们先生们请注意，现在6车有位旅客得了疾病，由于列车上没有医务人员，有哪位旅客是医务工作者？请到6车协助诊断治疗。在此，我代表患者及患者家属对您表示诚挚的谢意。

乘警赶到乘务室。

列车长，现在情况怎么样了？

患者发烧伴有咳嗽，浑身酸痛，还吐了。现在是××流感爆发时期。我们按照规定先穿上防护服，进6车看一下具体情况。

好的。

2 车有医务工作者愿意协助诊断治疗。1 区乘务员通过对讲设备与列车长沟通。

2车有位旅客是××医院的外科医生，愿意协助诊断治疗，我已请旅客出示证件，登记了车票及相关信息。

明白，请将该名旅客带至5车，穿好防护服，戴好口罩和手套。请旅客穿戴完毕后到6车协助诊断治疗。

列车长和乘警穿好防护服，携带医药箱赶至 6 车。

是这位旅客不舒服是吧？

是的。

女士，您好些了吗？感觉怎么样？

我感觉有些烧，刚刚还吐了。

这位旅客您先戴好口罩，给您测一下体温。请问您早上吃了什么？

列车长给患病旅客戴上口罩并将体温计递给患病旅客。

我吃了一片面包。

您有没有到别的车厢走动？

没有，我一直在这里坐着。

请您把车票和身份证给我一下，我们给您登记一下信息。

列车长将患病旅客车票及身份证转交给 2 区乘务员。

您好女士，您说您吐了，请问您的呕吐物在哪里？把它交给我，我会妥善保管。

患病旅客将盛有呕吐物的清洁袋交给列车长。

3. 启动应急预案

医生赶至 6 车。

有什么症状？

头晕，还恶心。

量体温没有？

量了。

患病旅客从腋下取出体温计，交给医生。医生发现患病旅客体温高达 38.9℃，便将列车长引至车厢一端。

列车长，经初步诊断，这位旅客的症状与目前流行的××流感症状相似。这种流感的传染性很强，我建议旅客到医院进行治疗，越快越好。

是不是所有和旅客接触的人都有被传染的可能性啊？

对，疑似患者和密切接触者都要隔离。

列车长通过对讲设备做出安排。

各岗位乘务员请注意，6车有一位疑似××流感患者。乘务组立即启动重大疫情应急预案。2区乘务员和1到3排的3名旅客均为密切接触者，我们现在需要将疑似××流感患者和密切接触者分别隔离，请紧急疏散该车厢其他旅客到 5车餐吧车厢。由于2区乘务员需要隔离，餐服长要做好旅客安抚及疏散旅客信息登记工作，乘警做好车内秩序维护工作，其他乘务人员禁止进入 6车。全体乘务人员请注意，不要将事件扩散，以免影响其他旅客的情绪。

明白。

4. 隔离控制

列车长向患病旅客说明情况。

刚经过××医院医生给您做的初步诊断，您目前的症状跟当下流行的××流感症状相似。我们现在要单独将您隔离在这里，请您不要随意走动。我将制作客运记录把您移交至前方车站，送您去医院治疗。

好的，谢谢。

列车长疏散同车厢未与疑似患者有密切接触的旅客。

大家好，我们车厢有位旅客生病了，经广播找来的医生判断他为疑似××流感患者，我想问一下有没有旅客在车厢里走动过。

没有。

好，为确保大家的身体健康，我们5车暂时没有旅客，我们将把你们安排在5车就座，希望大家积极配合。

在乘警的引导下，旅客有序疏散至5车，餐服长组织餐服员引导旅客就座，并进行安抚旅客情绪、登记旅客信息等工作。

列车长向密切接触者做解释工作。

你们好，刚刚我们车厢有位旅客生病了，经医生诊断他为疑似××流感患者。

我们不会被传染吧？

为了确保各位的安全，我想问一下，你们有没有在车厢里走动过？

没有，我们只是坐在这里向后看看发生了什么事情。

你们属于密切接触者，为了确保你们的健康，我们将安排你们在此就座。我们会在前方停车站与车站办理交接，由车站工作人员带你们到相关部门进行一个健康排查。

好。

请你们戴上口罩。

列车长将口罩发放给各位密切接触者。

5. 上报信息

列车长与司机联系。

6车有位旅客疑似××流感患者，需要立即下车治疗。全列212名旅客，6车13名旅客。乘务组已启动重大疫情应急预案，已将疑似××流感患者及密切接触者共5人隔离在6车，已关闭6车两端端门。请你向路局客调请示，在前方客运站临时停车，我们制作客运记录将疑似××流感患者及密切接触者交站处理。请通知疾控中心上车做好列车消毒工作。

明白。

列车长上报客调值班室。

调度员您好，我是××次列车长，列车212名旅客。9点21分，列车运行至××区间，6车2A座旅客突发疾病（姓名、年龄、身份证号、住址、车票信息等）。经列车广播寻找的医生诊断，该名旅客疑似××流感患者。乘务组已启动重大疫情应急预案，按规定使用防护用品封存旅客呕吐物。6车共13名旅客，我们已将疑似患者1人、密切接触者4人，其中1人为乘务员，分别隔离在6车。紧急疏散同车厢其他旅客至5车，关闭6车两端端门，做好6车封锁工作，并将疑似患者和密切接触者的信息进行了登记，做好其他旅客的解释安抚工作。请司机向路局客调请示在前方最近客运站××站临时停车，将疑似患者及密切接触者交站处理，同时通知疾控中心做好消毒工作。

密切关注，有情况随时联系。

6. 站车交接

××次列车长、机械师，10分钟后列车将在××站临时停车，到站后将手动开启6车左侧1位车门，车站和疾控中心已在6车位置做好准备工作。

明白。

明白。

列车到达××站。

××次列车司机，列车已停稳，是否可以手动打开6车左侧1位车门？

可以手动打开6车左侧1位车门。

××次列车机械师，打开车门后，请到5车做好安全防护。

明白。

列车长将疑似患者和密切接触者及其相关资料移交车站。

7. 解除封锁

疾控中心相关工作人员上车消毒，消毒完毕后通知列车长。列车长解除对 6 车的封锁，并将站车交接情况上报。

列车从××站开出。

项目学习效果综合考核

1. 填空题

（1）若判明旅客食物中毒是由列车供应的食品所致，餐服长应立即将现场情况上报至__________，餐服员立即报告__________。

（2）当发生旅客烫伤、撞伤事件时，餐吧餐服班组应按照“现场查看→__________→及时上报”的应急处置流程进行处理。

（3）当发现疑似传染性疾病旅客时，列车长利用相关备品，立即组织工作人员和旅客做好防护，避免扩大传染范围。同时，对__________、__________及可能污染的区域进行消毒处理。

（4）当发生列车晚点突发事件时，餐服长应在第一时间向基地队长汇报情况，主要包括车次、客流、旅客情绪、__________________、需要提供的帮助等内容。

（5）当发生旅客投诉事件时，基地队长要指导餐吧餐服班组对投诉事件进行处理。餐吧餐服班组在查明投诉原因后，根据______________________中对应的流程进行处理。

（6）因供应商生产或配送途中发生意外等情况，导致餐食不能及时配送到列车上时，应按照“立即上报→______________→组织互保→分析整改”的应急处置流程进行处理。

（7）若掉落到股道的物品危及行车安全，而站台客运员距离较远不能立即赶到现场时，餐服人员或配送员应立即前往站台前端高举双手比出________手势，示意司机停车，待站台客运员赶赴现场后，听从安排，妥善处理。

2. 选择题

（1）当旅客烫伤需要下车就医时，由（　　）陪同旅客到医院检查治疗。

A. 列车长　　B. 餐服长

C. 餐服员　　D. 同行人

（2）当发生旅客投诉事件时，由（　　）撰写并提交《反思报告》。

A. 餐吧餐服班组　　B. 基地

C. 乘务营销部　　D. 客运乘务组

3. 简答题

（1）简述高铁餐吧发生旅客食物中毒时，餐吧餐服班组应启动的应急处置流程及内容。

（2）简述高铁餐吧发生旅客烫伤事件的应急处置流程。如果旅客所受伤害为严重创伤时，餐服长应该怎么做？

（3）简述发生列车晚点的应急处置流程及内容。

参考文献

[1] 王慧，李丹. 高速铁路动车餐饮服务 [M]. 2 版. 成都：西南交通大学出版社，2018.

[2] 付梦. 动车组餐服员实用教程 [M]. 成都：西南交通大学出版社，2018.

[3] 刘颖异，隋东旭. 高速铁路动车组餐饮服务与管理 [M]. 北京：北京交通大学出版社，2018.

[4] 廉国，陈宁，付素明. 铁路餐饮食品安全管理手册 [M]. 北京：中国铁道出版社，2013.